VOCÊ E SEU DINHEIRO

VOCÊ E SEU DINHEIRO

CARL RICHARDS

Tradução
MARCELO BRANDÃO CIPOLLA

Revisão da tradução
FLOR MARIA VIDAURRE

SÃO PAULO 2013

Esta obra foi publicada originalmente em inglês com o título
THE BEHAVIOR GAP
por Portfolio
Copyright © Carl Richards 2012

Todos os direitos reservados. Este livro não pode se reproduzido, no todo ou em parte, nem armazenado em sistemas eletrônicos recuperáveis nem transmitido por nenhuma forma ou meio eletrônico, mecânico ou outros, sem a prévia autorização por escrito do Editor.

Está edição é publicada de acordo com Portfólio, um membro de Penguin Group (USA) Inc.

Copyright © 2013, Editora WMF Martins Fontes Ltda.,
São Paulo, para a presente edição.

1ª edição 2013

Alguns dos desenhos deste livro foram publicados pela primeira vez no New York Times.

Tradução
MARCELO BRANDÃO CIPOLLA

Revisão de tradução
Flor Maria Vidaurre da Silva
Acompanhamento editorial
Márcia Leme
Revisões gráficas
Otacílio Nunes
Letícia Castello Branco Braun
Edição de arte
Katia Harumi Terasaka
Produção gráfica
Geraldo Alves
Paginação
Studio 3 Desenvolvimento Editorial

Dados Internacionais de Catalogação na Publicação (CIP)
(Câmara Brasileira do Livro, SP, Brasil)

Richards, Carl
  Você e seu dinheiro : métodos simples para não fazer tolices / Carl Richards ; tradução Marcelo Brandão Cipolla ; revisão da tradução Flor Maria Vidaurre. – São Paulo : Editora WMF Martins Fontes, 2013.

  Título original: The behavior gap
  ISBN 978-85-7827-746-8

  1. Administração financeira 2. Dinheiro 3. Finanças pessoais 4. Investimentos I. Título.

13-10529   CDD-332.024

Índices para catálogo sistemático:
1. Finanças pessoais : Economia   332.024

Todos os direitos desta edição reservados à
Editora WMF Martins Fontes Ltda.
Rua Prof. Laerte Ramos de Carvalho, 133 01325.030 São Paulo SP Brasil
Tel. (11) 3293.8150 Fax (11) 3101.1042
e-mail: info@wmfmartinsfontes.com.br http://www.wmfmartinsfontes.com.br

Para

Cori

&

Lindsay, Grace, Samuel e Ruby Jane

SUMÁRIO

INTRODUÇÃO
Quatro pares de esquis   ix

CAPÍTULO 1
Nós não vencemos o mercado, o mercado é que nos vence   1

CAPÍTULO 2
O investimento perfeito.   29

CAPÍTULO 3
Ignore os conselhos, ria das previsões   49

CAPÍTULO 4
Planejamento ~~financeiro~~ da vida   65

CAPÍTULO 5
Excesso de informação   83

CAPÍTULO 6
Os planos não valem nada   103

CAPÍTULO 7
Sentimentos 125

CAPÍTULO 8
Você é responsável pelo seu comportamento (mas não pode controlar os resultados) 139

CAPÍTULO 9
Quando falamos sobre dinheiro 159

CAPÍTULO 10
Simples, não fácil 175

CONCLUSÃO 187

AGRADECIMENTOS 189

INTRODUÇÃO
QUATRO PARES DE ESQUIS

ESTE livro trata de como tomar boas decisões a respeito de dinheiro. Não estou falando sobre qual investimento fazer ou quanto apostar no mercado de ações.

Estou falando sobre *decisões que estejam em harmonia com a realidade, com seus objetivos e com seus valores.*

Por que não tomamos decisões desse tipo?

Bem, às vezes ficamos confusos, temos medo e nos deixamos levar.

É por isso que este livro também trata de como evitar a confusão, lidar com o medo e permanecermos firmes ao tomarmos decisões financeiras.

Isso parece difícil – e, como veremos, nem sempre é fácil. Mas é bastante simples. Aliás, simplicidade é um dos segredos.

Moro em Park City, Utah, onde alguns de nós levam o esqui bastante a sério. Num belo dia, há alguns anos, eu ia esquiar com um amigo. Quando ele passou em casa para me pegar, corri à garagem para escolher os esquis. Lá, parei um

VOCÊ E SEU DINHEIRO

pouco e olhei para meus quatro pares de esquis, cada um deles projetado para circunstâncias específicas. De repente, eu me senti paralisado. Simplesmente não conseguia escolher.

Meu amigo, no carro, buzinava: "Vamos logo, Carl! Rápido! O sol está nascendo e a neve está derretendo!", enquanto eu olhava para os esquis. Foi ridículo. Eu investira muito dinheiro, tempo e energia para ter todos aqueles esquis a fim de estar preparado para qualquer situação – e naquele momento eu me sentia impotente.

Para mim, aquele foi o dia da virada. Eu me livrei de três pares de esquis e fiquei com o meu predileto: aquele que me permite fazer o que eu realmente gosto: praticar esqui *backcountry* me movimentando com rapidez e leveza.

O par de esquis com que fiquei não é perfeito para todas as circunstâncias. Na verdade, é péssimo quando neva demais e em terrenos muito inclinados. Mas e daí? Ele se adapta bem à maioria das situações e funciona perfeitamente bem nas condições que mais aprecio.

Agora não tenho mais que pensar em quais esquis levar numa viagem. Simplesmente pego o par que tenho e vou embora. Confio na minha experiência, no meu instinto e na minha sorte para sobreviver às situações às quais meu equipamento não se adapta perfeitamente.

Muita gente acha que, para tomar boas decisões em matéria de dinheiro, é preciso ter um plano para cada situação. É preciso estar precavido contra todos os reveses possíveis e ter investimentos para todas as circunstâncias do mercado. Todas as nossas suposições sobre o futuro devem ser trabalhadas à perfeição para que nunca sejamos pegos de surpresa. Preci-

INTRODUÇÃO

samos saber e compreender tudo sobre os mercados financeiros e calcular nossos gastos até o último centavo. Esse tipo de pensamento é baseado no medo. Temos medo (naturalmente) das incertezas da vida, de seus altos e baixos. E, assim, fazemos planos que, segundo esperamos, nos darão o poder de controlar o futuro. Se eu fizer isso, aquilo não vai acontecer; se eu vender agora, vou evitar a queda futura; se eu escolher o investimento correto, terei segurança financeira; se me preocupar o suficiente, estarei preparado para as más notícias.

O problema é que o mundo real é complicado: não sabemos o que vai acontecer.

Isso significa que a maior parte dos nossos planos é inútil. Quando eu tinha quatro pares de esquis, acabava sempre escolhendo o par errado!

A questão é que nenhum planejamento jamais poderá prever todas as situações – e não há nenhum problema nisso. Não temos de escolher o investimento perfeito nem economizar aquela quantia exata; não precisamos prever nossa taxa de retorno nem passar horas assistindo a programas de televisão sobre a bolsa de valores nem vasculhar a internet em busca de dicas sobre ações. Não precisamos de um plano para cada contingência.

Nesse caso, se o planejamento não é a solução para nossos problemas de dinheiro, onde está essa solução? Simplificando, o que podemos fazer para obter o que realmente queremos?

Podemos parar de correr atrás de fantasias. Para conseguir o que queremos, não vamos ganhar acima da média do mercado, não vamos escolher o investimento perfeito nem va-

VOCÊ E SEU DINHEIRO

mos elaborar *aquele* plano financeiro perfeito, a toda prova. Na verdade, quando tentamos fazer essas coisas, acabamos nos metendo em tremendas enrascadas.

Podemos nos proteger – até certo ponto. O risco é aquilo que sobra quando você acha que já pensou em tudo. Na maior parte das vezes, nossas suposições sobre o futuro estão erradas. Ninguém é capaz de pensar em tudo – mas qualquer pessoa pode tomar medidas sensatas para se proteger contra as inevitáveis surpresas da vida.

Podemos acolher a incerteza. A mudança nem sempre é problemática. Muitas surpresas da vida, talvez a maioria, são boas. Se não estivermos amarrados a um plano rígido, poderemos reconhecer e aproveitar as oportunidades quando elas aparecerem.

Podemos decidir o que realmente queremos. Quando alguém lhe pergunta o que você realmente espera da vida, é pouco provável você responder que quer um investimento que lhe dê um excelente retorno. Como todas as outras pessoas, você quer ser feliz e realizado. Suas decisões financeiras devem se harmonizar com aquilo que você sabe a respeito de si e do mundo em geral. Quanto mais você se conhecer, mais bem-sucedidos serão seus investimentos – ou seja, mais eles estarão em harmonia com seus verdadeiros objetivos como ser humano. Decidir o que você realmente quer dá muito trabalho. É por isso, entre outras razões, que a maioria das pessoas não o faz. Quando souber, porém, o que você e sua família realmente querem, você também saberá o que fazer – quanto gastar em seguros, onde investir seu dinheiro, se deve largar o emprego e abrir uma empresa.

INTRODUÇÃO

Podemos tomar decisões que tenham sentido. Não podemos controlar nem o mercado nem a economia, mas nosso comportamento depende de nós. É claro que as consequências das nossas decisões podem variar. Na verdade, é possível que boas decisões tenham consequências negativas. Mas o jeito mais garantido de alcançarmos nossos objetivos é tomar decisões sensatas, baseadas na realidade.

Podemos confiar na sorte. A maioria dos planejadores financeiros não gosta de falar de sorte. A ideia de que certas coisas simplesmente acontecem por acaso pode ser assustadora. Mas acho ótimo que não possamos controlar o destino. Podemos permanecer abertos e reagir de modo criativo. E, às vezes, coisas que nos acontecem são muito melhores do que tudo o que possamos ter planejado.

Minha esposa e eu nos conhecemos numa loja de esquis quando estávamos na faculdade (sorte). Nós nos casamos (comportamento inteligente, pelo menos da minha parte) em 1995, quando eu ainda não havia escolhido a disciplina principal de meu curso na Universidade de Utah e cavava fossos para uma empresa de paisagismo. Cori chegou à conclusão de que cavar fossos não seria uma carreira de longo prazo para mim. Então, encontramos um anúncio de emprego para uma vaga que tinha algo que ver com *security* (segurança) – guarda de segurança? Instalar sistemas de alarme? Sabe como é, proteger as coisas.

No fim das contas, a vaga era no setor de *securities* (títulos financeiros)*, numa empresa que administrava fundos mútuos (sorte). Os entrevistadores reduziram os candidatos a apenas

---

* Toda esta passagem se baseia no duplo significado da palavra *security*: "segurança" e "título". (N. do T.)

dois, eu e mais um. Ele e eu ficamos sentados um ao lado do outro numa sala de espera enquanto eles decidiam quem iam contratar.

A porta se abriu. Uma jovem nos informou que haviam escolhido o outro cara. Ele olhou para mim e disse: "Não quero o emprego. Pode ficar com ele" (sorte).

E foi assim que consegui a vaga. Passei os últimos quinze anos dando conselhos financeiros às pessoas. Todas as coisas maravilhosas que me aconteceram (e foram muitas) podem ser atribuídas, pelo menos em parte, à sorte. Até os reveses me ensinaram importantes lições, inclusive algumas que tentei transmitir neste livro. Uma dessas lições é que ninguém consegue controlar tudo. Faça o que for possível e, depois, relaxe.

Podemos confiar em nós mesmos. É claro que a sorte é só um dos fatores. Um dia, minha supervisora nessa mesma administradora de fundos mútuos me informou que meu turno ia mudar. Eu teria de trabalhar aos domingos. Disse a ela que já tinha outros compromissos aos domingos. Ela me mandou escolher; então, saí da empresa. Isso me levou ao meu emprego seguinte, que levou ao seguinte, que me levou a abrir minha firma, o que me levou a escrever regularmente no blogue do *New York Times*, a publicar este livro e a um monte de outras coisas legais.

Fiz pé firme naquilo que realmente me importava – queria folga aos domingos – e perdi o emprego. Que desastre, não? Pelo menos até agora, essa decisão – e esse desastre – fizeram toda a diferença para mim.

Não acredito que haja um segredo para ficar rico. Mas, no fim, as decisões financeiras não têm que ver com o enriqueci-

INTRODUÇÃO

mento. Têm que ver com a conquista daquilo que você quer – a felicidade. E se existe um segredo para a felicidade é este: seja fiel a si mesmo.

Você já deve ter lido isso em algum lugar.

Mas aposto que nunca leu isso num livro sobre dinheiro.

NÓS NÃO VENCEMOS O MERCADO,
O MERCADO É QUE NOS VENCE

VOCÊ E SEU DINHEIRO

EMPRESAS como a Morningstar e a Dalbar fizeram uma série de estudos que tentam quantificar os efeitos do comportamento dos investidores sobre os retornos que eles obtêm na prática. Em geral, esses estudos comparam os retornos obtidos pelos investidores em fundos de ações com o retorno médio dos próprios fundos. Em outras palavras: eles tentam comparar o retorno obtido pelos *investidores* com o retorno que os *investimentos* dão.

Por acaso existe alguma diferença? Pode acreditar que sim. Geralmente, os estudos constatam que os retornos que os investidores obtêm ao longo do tempo são muito menores que o retorno médio do investimento.

Isso significa que estamos ganhando menos do que deveríamos.

É o caso dos fundos mútuos. Tudo o que tínhamos de fazer era investir nosso dinheiro em, praticamente, qualquer fundo mútuo de ações e deixá-lo ali.

Mas a maioria dos investidores não faz isso. Ao contrário, eles aplicam seu dinheiro num fundo de ações e depois o tiram de lá. Não sabem escolher o momento certo – e acabam pagando muito caro por isso.

Criei a expressão "falha comportamental" para designar a diferença entre o retorno obtido pelos investidores e o retorno dos investimentos. Comecei então a desenhar, em todos os quadros brancos ao meu alcance, o gráfico que você vê na página ao lado. De lá para cá, usei o conceito de falha comportamental para explicar todas aquelas situações em que nosso comportamento nos leva a obter resultados abaixo da média; e fiz muitos rascunhos para ajudar meus clientes e leitores a

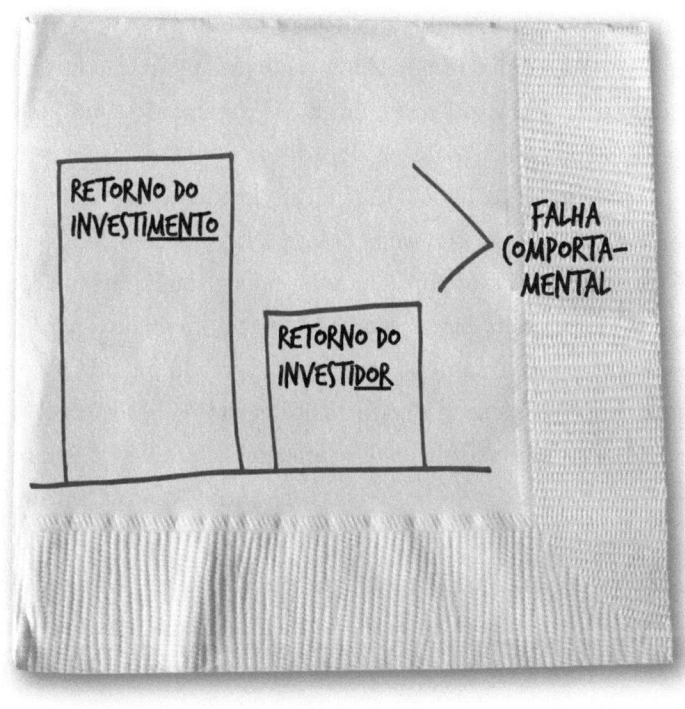

VOCÊ E SEU DINHEIRO

compreender o que realmente está conduzindo suas ações. Mas este rascunho é o original.

Evidentemente, comprar títulos de um fundo mútuo, mesmo que não seja o melhor, e ficar com eles por bastante tempo é uma estratégia muito boa. Mas na vida real as pessoas não investem dessa maneira. Nós compramos e vendemos. Assistimos aos programas do canal CNBC* e ouvimos a gritaria do apresentador Jim Cramer. Compramos na alta e vendemos na baixa. Em outras palavras, fazemos exatamente tudo aquilo que sabemos que não deveríamos fazer.

Percebo que chegou a hora de ser prudente quando começo a receber muitos *e-mails* dos leitores do meu blogue no *New York Times* me aconselhando a aplicar também em ações. Do mesmo modo, percebo que é um bom momento para ter esperanças sobre as perspectivas do mercado quando alguns amigos e colegas se mostram ansiosos para vender ações.

O mais incrível é que eles também sabem disso! Quando estamos juntos, damos boas risadas sobre o assunto. Cientes de que seus impulsos de comprar e vender são perigosos, eles contam comigo para ajudá-los a manter esses impulsos sob controle.

No primeiro semestre de 2009, meus clientes estavam preocupadíssimos. Certo dia, três deles vieram conversar comigo. Como a maioria das pessoas, eles estavam apavorados. O mercado tinha caído vertiginosamente e eles tinham sofrido perdas consideráveis.

A conversa logo se voltou para quanto o mercado de ações estava assustador.

---

* Emissora de TV a cabo norte-americana especializada no mercado financeiro. (N. do E.)

NÓS NÃO VENCEMOS O MERCADO...

Eles: *Escuta, Carl, achamos que chegou a hora de vender.*

Eu: *Por acaso vocês querem dizer que devemos vender um título porque o valor dele caiu 30 por cento?*

Eles: *Bom... Você sabe como é... Vamos ficar aqui de braços cruzados enquanto a casa cai?*

Eu: *O estrago já foi feito, pessoal. Vocês podem até querer vender, mas será que faz sentido vender agora?*

Eles: *É preocupante!*

Eu: *Tudo bem, mas não é boa ideia agir por causa do medo.*

Eles: *Mas é muito difícil! Se as coisas continuarem como estão, no fim do ano não teremos mais dinheiro nenhum!*

Eu: *Na verdade, o mercado de ações estava muito mais perigoso quando elas estavam em alta. Mas, naquela época, ficar com as ações deixava vocês felizes. Então, por que vendê-las agora?*

Eles: *Nesse caso, o que devemos fazer?*

Minha resposta foi muito simples. Respondi que não deveríamos fazer absolutamente nada. Pelo contrário, esperaríamos que as coisas se acalmassem um pouco e depois reavaliaríamos os planos deles para ver se ainda faziam sentido.

Dois anos depois, os mesmos três caras vieram de novo conversar comigo. A bolsa tinha se recuperado, e tivemos uma conversa muito diferente.

Eles: *Será que devemos pôr mais dinheiro em ações?*

Eu: *Hum? Por quê?*

Eles: *Porque o mercado tem estado muito bom ultimamente!*

Eu: *Quer dizer que vocês querem comprar mais ações porque as ações estão mais caras?*

Eles: *Pode ser que elas continuem subindo!*

Eu: *Não temos a menor ideia de como o mercado vai se comportar no futuro. Por que não continuamos com o nosso plano?*

VOCÊ E SEU DINHEIRO

Tenho conversas como essas o tempo todo. No começo de 2011, quando o ouro tinha subido 80 por cento em pouco mais de dois anos, todo o mundo queria saber se devia comprar ouro. Essa foi a pergunta que eu mais ouvi por um bom tempo.

Eu respondia que o ouro estava mais arriscado agora do que estivera muito tempo atrás. Se ele não fazia parte do plano antes, por que incluí-lo agora?

Meus amigos e clientes (em geral, são as mesmas pessoas) não são os únicos investidores que se sentem tentados a fazer a coisa errada. Em 2008, 2009 e numa boa parte de 2010, os investidores conseguiram maiores retornos dos fundos mútuos de ações que o dinheiro que aplicaram neles. Só em dezembro de 2010, obtiveram mais de 10,6 bilhões de dólares dos fundos mútuos de ações.

NÓS NÃO VENCEMOS O MERCADO...

De repente, em janeiro de 2011, houve uma reviravolta: naquele mês, segundo as estimativas, colocamos 30 bilhões de dólares no mercado. Os investidores chegaram à conclusão de que era hora de voltar a investir em ações. Só tomaram essa decisão depois que a bolsa registrou uma alta de quase 100 por cento em relação a seu menor índice, em 2008.

É sensato aplicar nosso dinheiro num ativo cujo valor quase duplicou em menos de dois anos? Você compraria uma casa cujo valor tivesse subido de 300 mil para 600 mil dólares em dois anos? (O quê? Você fez isso? E o que aconteceu?)

Voltemos ao início do ano 2000. O mercado das empresas pontocom está nascendo. A NASDAQ teve alta de mais de 80 por cento nos últimos doze meses. As pessoas estão tomando dinheiro emprestado, dando a casa como garantia e usando essa grana para comprar ações – especialmente do setor tecnológico.

Segundo o Investment Company Institute, em janeiro de 2000, os investidores aplicaram quase 44 bilhões de dólares em fundos mútuos de ações, batendo o recorde anterior de 28,5 bilhões de dólares.

Todos nós sabemos o que aconteceu depois disso. O dinheiro continuou entrando nos fundos de ações, batendo novos recordes em fevereiro e em março. A NASDAQ alcançou os 5 mil pontos, mas, em seguida, despencou, perdendo cerca de metade do seu valor até o final do ano.

No entanto, se você acha que as pessoas ficam irracionais quando o mercado está em alta, espere para ver como elas se comportam na baixa. Outubro de 2002 foi o quinto mês seguido em que os investidores obtiveram mais dinheiro dos fun-

VOCÊ E SEU DINHEIRO

dos mútuos de ações do que investiram – foi a primeira vez que isso aconteceu por tantos meses seguidos.

Adivinhe em que mês o mercado chegou ao ponto mais baixo? Outubro!

Pare um pouco e pense nisso. Quando o mercado está no auge, damos a casa como garantia para comprar ações de empresas de tecnologia, cujo preço está muito acima do normal. Quando o mercado está em baixa, vendemos tudo o mais rápido possível. E onde foi parar todo esse dinheiro? Os investidores o usaram para entrar em fundos de títulos do tesouro, que registraram uma entrada recorde de dinheiro nesse período – muito embora os preços desses títulos estivessem valendo muito mais do que nos últimos quarenta anos.

Isso não é novidade. É o que fazemos o tempo todo. Foi isso que fizemos com os mercados emergentes em 2004, com os títulos imobiliários em 2006 e 2007... Repetimos isso até quebrar.

Não é de estranhar que a maioria das pessoas não esteja satisfeita com sua experiência como investidora.

Quanto mais caro está o preço das ações (ou dos imóveis), mais arriscado é o investimento – no entanto, é nesse momento que tendemos a achá-las mais atraentes. Em suma: os investidores, como grupo, são péssimos entendedores dos momentos do mercado.

É muito mais sensato ignorar o que os outros estão fazendo e basear nossas decisões de investimentos naquilo que precisamos fazer para alcançar nossas metas. Mas, meu amigo, isso é difícil.

O problema não é falta de inteligência. Fomos programados para evitar o sofrimento e buscar prazer e segurança.

NÓS NÃO VENCEMOS O MERCADO...

Vender quando todos estão com medo e comprar quando todos estão se sentindo seguros parece o certo a fazer – mas não é sensato.

Os erros de investi*mento* são os erros dos investi*dores*

Estou mais convicto do que nunca de que todos os erros de investi*mento* são, na realidade, erros dos investi*dores*.

Não são os investimentos que cometem erros. São os investidores.

Ao investir, você faz uma escolha. É isso que costumamos esquecer. Em determinado momento, dissemos "sim" àquele investimento. Até então, tínhamos tudo sob o nosso controle. Decidimos o que perguntar (se é que perguntamos algo) sobre o investimento; decidimos a quem perguntar; decidimos quanto investir e quando investir.

Quando um investimento vai bem, gostamos de pensar: "Escolhi muito bem." Ora bolas, é muito fácil assumir a responsabilidade quando as coisas vão bem.

Mas, quando um investimento nosso despenca, a culpa é sempre dos outros. Culpamos o cara que nos vendeu o título, as transações duvidosas dos banqueiros que arruinaram a economia, o descontrole de gastos do governo, as mentiras da mídia, a seca no Brasil... Qualquer bode expiatório serve.

Tudo isso me lembra daquela vez em que passei por cima de um irrigador de jardim com o cortador de grama dos meus pais. Corri para dentro de casa e disse à minha mãe que o cortador de grama tinha quebrado o irrigador. Com toda a paciência, ela me ensinou que quem quebra o irrigador não é o cortador de grama, mas sim o menino de 10 anos que está utilizando o cortador.

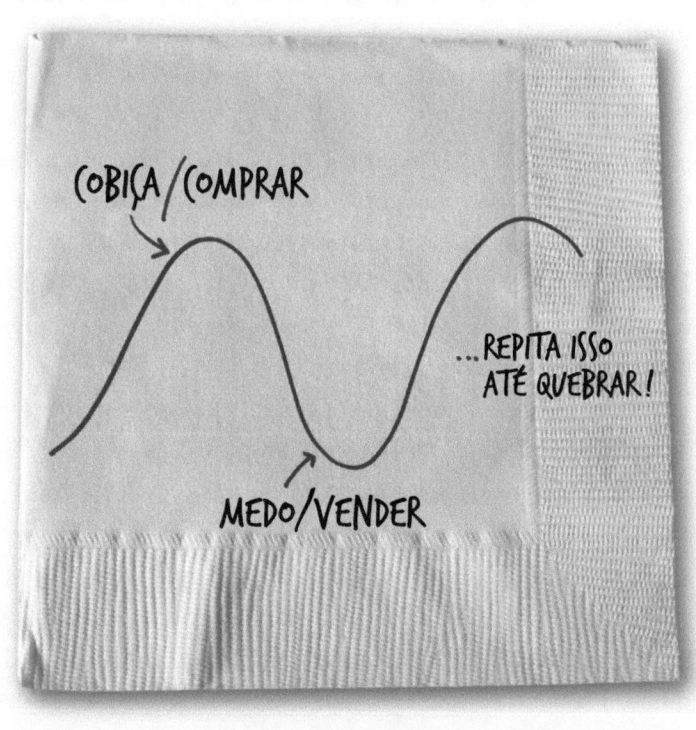

VOCÊ E SEU DINHEIRO

Quando investimos, fazemos a mesma coisa. Se não pesquisarmos antes (para descobrir onde estão os irrigadores) e se nos comportarmos mal (passando por cima deles com o cortador de grama), não vamos gostar dos resultados.

E não podemos culpar o investimento pelas nossas decisões. Em determinado momento, temos de assumir a responsabilidade. Caso contrário, cometeremos sempre o mesmo erro. Melhor seria deixar de tentar investir, colocar todas as nossas economias em CDBs e ir curtir a vida.

Uma das definições de loucura é a seguinte: insistir em fazer a mesma coisa (nesse caso, culpar o seu investimento pelas perdas) e querer obter um resultado diferente (ou seja, um retorno polpudo).

Vamos parar de fazer loucuras.

Como esquecer o que aconteceu há muito tempo

Existem meios para tentar diminuir a falha comportamental. Mas, antes de querermos mudar nosso comportamento, temos de compreendê-lo.

Para começar, temos a tendência natural de evitar a dor e buscar o prazer. Além disso, nossa capacidade de prever o futuro é, francamente, péssima.

Os ciclos de "bolha e quebradeira" ocorrem, em grande medida, em função das nossas expectativas coletivas. As expectativas conduzem nosso comportamento – mas quase sempre estão erradas.

As expectativas, via de regra, baseiam-se em nossas experiências recentes, ou mesmo nas mais recentes. Um belo dia, seu vizinho vende a casa e obtém um lucro tremendo. Daqui a

NÓS NÃO VENCEMOS O MERCADO...

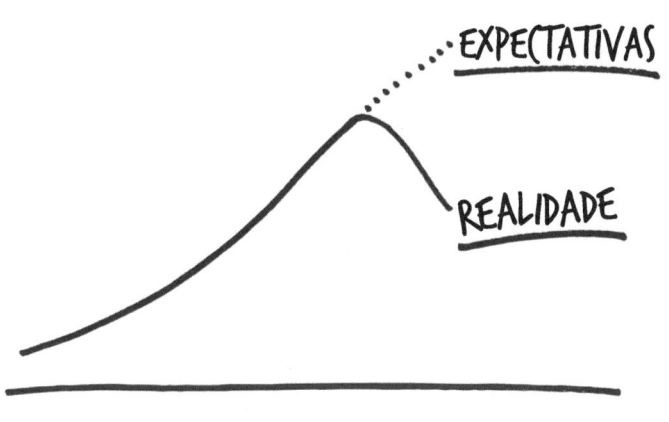

pouco, seu irmão vende a dele e obtém um lucro ainda maior. As coisas mudaram. Depois de um tempinho, você muda suas expectativas. Agora pensa (pressupõe) que os valores continuarão subindo. E começa a se comportar de outro jeito, com base nessas expectativas. Toma dinheiro emprestado, por exemplo, dando como garantia a casa onde mora (cujo valor está em alta), e gasta esse dinheiro num carro melhor ou numa viagem com a família.

Os preços dos imóveis (e o nosso comportamento baseado neles) podem, a certa altura, alcançar um patamar perigoso. Nesse momento, eles podem descambar abaixo de qualquer estimativa realista do valor dos imóveis em longo prazo. Os ciclos de bolha e quebradeira costumam levar os preços a valores incríveis em ambas as direções, para cima e para baixo. Quando pensamos no assunto depois do acontecido, quase sempre fica dolorosamente claro que deixamos nossas expectativas perderem contato com a realidade. Na época, porém... nada estava tão claro.

VOCÊ E SEU DINHEIRO

É importante não se deixar levar por esses ciclos. Uma das maneiras de não se deixar levar por eles é *estender nossa definição do passado.*

A história é importantíssima. Como já foi dito, as três palavras mais importantes são *lembrar, lembrar* e *lembrar.*

De modo mais específico, precisamos deixar que nosso pensamento vá além das tendências do passado muito recente. Precisamos fazê-lo lembrar-se daquelas épocas em nossa vida quando as coisas mudaram de maneira realmente surpreendente.

Não precisamos ir buscar exemplos úteis na história antiga. A maioria das pessoas ainda se lembra de quando estourou a bolha das pequenas empresas de tecnologia da informação, há dez anos... de quando estourou a bolha imobiliária... da crise financeira de 2008, que fez despencar os mercados no mundo inteiro...

Você pode achar que é fácil se lembrar desses acontecimentos. Mas, às vezes, nós afastamos essas lembranças – especialmente quando as coisas vão bem. A verdade é que *gostamos* da nova tendência. Quando os preços dos imóveis subiram, ficamos contentíssimos. Por que nos preocuparmos com o passado quando o presente é tão agradável?

Porque, como disse (com outras palavras) o historiador e filósofo George Santayana, os que não se lembram do passado se dão mal uma e outra vez.

Pode ser perigoso ter um pouquinho de experiência

Quando ignoramos a história, acabamos baseando nossas ações na experiência limitada que temos. Isso, às vezes, pode ser muito perigoso.

NÓS NÃO VENCEMOS O MERCADO...

Tomei um cuidado tremendo na primeira vez que escalei o Grand Teton*. Como a maioria dos alpinistas, eu e meu companheiro subimos as montanhas e passamos a noite lá para poder acordar cedo e sair antes de o sol nascer para tentar alcançar o cume. Todos diziam que devíamos chegar ao topo o mais cedo possível e começar a descida às dez da manhã; assim, evitaríamos as tempestades da tarde.

O dia estava belíssimo: quente, ensolarado, quase sem vento. Acabamos cochilando no cume da montanha, de *shorts* e camiseta. Começamos a descida ao meio-dia e tudo correu bem.

Com base nessa experiência, adotei uma abordagem diferente quando escalei a montanha pela segunda vez. Nessa ocasião, meu pai era membro do grupo. Eu não estava tão preocupado em subir cedo e descer cedo. Saímos tarde... e deparamos com tempo nublado. Havia neve no caminho. No cume, caiu uma tempestade elétrica. Nossos cabelos ficaram arrepiados e nossas machadinhas de metal faziam um zunido estranho. Meu pai foi atingido por um raio – aliás, por dois raios.

Acontece que os alpinistas têm um bom motivo para gostar de descer cedo do Grand Teton. As tempestades são comuns no alto da montanha em agosto. Agimos como aqueles turistas que visitam Seattle num dia de sol e concluem que toda aquela história de Seattle ser uma cidade chuvosa não passa de um mito inventado pelos habitantes para desencorajar as pessoas a se mudar para lá.

Muitos investidores que estão prestes a se aposentar começaram a investir numa época em que o mercado estava en-

---

* Pico mais alto das montanhas Teton, no estado de Wyoming, Estados Unidos, com mais de 4 mil metros de altura. (N. do T.)

VOCÊ E SEU DINHEIRO

trando na maior fase de alta em toda a sua história – há quase trinta anos. Concluíram que investir era fácil e, assim, foram correndo riscos cada vez maiores. Até que um dia o tempo fechou.

As montanhas são perigosas. Isso não significa que não devemos escalá-las (embora *talvez* não devamos). Mas significa que, se quisermos continuar vivos, temos de respeitar esses perigos.

O mesmo vale para as ações. Elas são perigosas. Quando fingimos que não, nós nos metemos em encrenca.

Escolha seu veneno

Costumamos tratar o medo e a cobiça – as principais forças motrizes da maioria dos grandes erros comportamentais cometidos pelos investidores – como lados opostos da mesma moeda. Mas a verdade é que são duas emoções muito diferentes. É importante você descobrir qual das duas é mais problemática para você. Esse conhecimento o ajudará a controlar seu comportamento durante os períodos de medo e durante os períodos de cobiça.

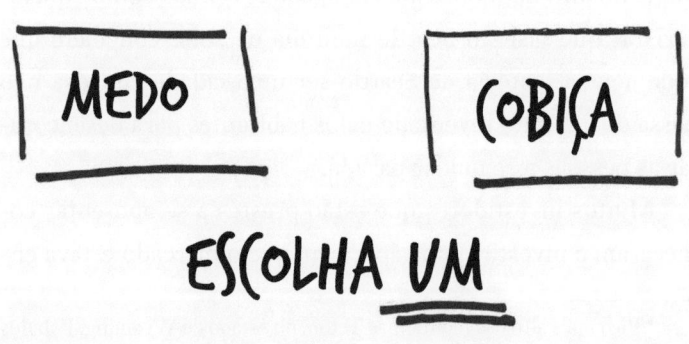

NÓS NÃO VENCEMOS O MERCADO...

Se você é como a maioria das pessoas, vai constatar que a dor da perda supera o prazer que você obtém do ganho. Nesse caso, pode administrar sua carteira de modo a reduzir a dor a um nível que você seja capaz de aguentar até nas piores baixas do mercado. Isso significa, simplesmente, fazer investimentos mais conservadores. Talvez você perca alguns ganhos quando o mercado subir – mas vai estar sempre ciente de que os riscos que você corre são mínimos.

Mas e se o seu problema for o oposto? E se você simplesmente não aguenta ficar de braços cruzados, tocando a bola para cá e para lá enquanto seu cunhado se gaba de fazer um gol atrás do outro? Nesse caso, precisa direcionar sua carteira para investimentos que lhe garantam sua parcela de ganhos quando a cobiça estiver tomando conta de Wall Street.

Caso busque essa estratégia de investimento mais agressiva, você estará sempre bem posicionado para os mercados de alta. Mas vai sofrer mais que a média na próxima baixa. E tudo bem – basta garantir que a carteira não seja agressiva a ponto de impedi-lo de sobreviver a essas fases.

O que estou dizendo é que é impossível ter ambas as coisas. Construir uma estratégia de investimentos que tenda a controlar o medo é bom. Construir uma estratégia que tenda a controlar a cobiça também é bom. Cada caminho tem suas vantagens e suas desvantagens. A ideia é visar a um equilíbrio que realmente reflita suas forças e fraquezas emocionais – de modo que você não se sinta obrigado a entrar e sair do mercado de ações, passando sempre de uma abordagem mais agressiva (controle da cobiça) a uma mais conservadora (controle do medo) e vice-versa.

VOCÊ E SEU DINHEIRO

Repito: é impossível ter as duas coisas.

No entanto, é isso que sempre tentamos fazer. Quando o mercado atinge um pico ou encalha em terreno pantanoso, temos a tendência natural de fazer alguma coisa – e bem rápido.

Nossa reação natural é a de vender quando ouvimos más notícias (ou seja, quando o mercado já está lá embaixo) e de comprar quando as notícias são boas (isto é, quando o mercado já está lá em cima), obedecendo *tanto ao nosso medo quanto à nossa cobiça*.

Essa estratégia é impossível.

Excesso de confiança

O excesso de confiança é um problema seriíssimo. Se você acha que ele não o atinge, é porque tem excesso de confiança.

Na verdade, quanto mais excesso de confiança uma pessoa tem, menos tende a reconhecê-lo.

NÓS NÃO VENCEMOS O MERCADO...

Pior: à medida que o excesso de confiança aumenta, o custo dos nossos erros também aumenta, pois a confiança nos predispõe a correr riscos cada vez maiores.

A Long-Term Capital Management era uma empresa de fundos de investimento administrada por gente inteligentíssima (ganhadores de Prêmio Nobel, por sinal). Os gênios da Long-Term tinham certeza de que o máximo que poderiam perder num único dia seria 35 milhões de dólares. Então, num belo dia de 1998, perderam 553 milhões. O fundo acabou perdendo, ao todo, 3 bilhões de dólares.

Alan Greenspan, presidente do Sistema da Reserva Federal (Federal Reserve – FED) dos Estados Unidos durante quatro mandatos, louvado inúmeras vezes pela imprensa financeira, aparentemente não poderia cometer erros. No entanto, a firme convicção de Greenspan na validade dos modelos que vinha usando havia quase quarenta anos contribuiu para a pior quebra do mercado desde a Grande Depressão. Em outubro de 2008, Greenspan admitiu perante o Congresso que ficou "chocado" quando os modelos que ele usara com tanta confiança se mostraram falhos.

Seria ótimo se somente os ganhadores do Prêmio Nobel e os presidentes da Diretoria da Reserva Federal tendessem ao excesso de confiança. Inúmeras pesquisas, no entanto, mostram que o resto das pessoas tem o mesmo problema. Felizmente, há um jeito de resolvê-lo.

Podemos admitir que não somos tão inteligentes quanto pensamos. Na verdade, os investidores mais espertos são aqueles que reconhecem que *não são* espertos o suficiente para prever os acontecimentos, escolher as melhores ações, fugir de todos os golpes etc.

VOCÊ E SEU DINHEIRO

Na próxima vez que você for tomar uma decisão sobre investimentos porque tem certeza de que sabe o que vai acontecer, pare um pouco e tenha a Conversa sobre o Excesso de Confiança (que eu chamo de CEC). Ela tem sido um instrumento bastante eficaz para auxiliar a tomada de decisões. Peça a ajuda de um amigo, do seu cônjuge, sócio ou de qualquer pessoa em quem você confie e repasse com ela suas respostas às seguintes perguntas:

- *Se eu fizer esta mudança e estiver certo, que impacto ela terá sobre minha vida?*
- *Que impacto ela terá se eu estiver errado?*
- *Por acaso já errei alguma vez?*

Um conhecido meu tinha investido nas ações da empresa onde trabalhava. Tinha dinheiro suficiente para se aposentar com conforto, mas acreditava ser grande a possibilidade de o valor das ações continuar subindo – ou até duplicar. Queria saber se devia vender as ações ao se aposentar ou esperar até que elas subissem mais.

Tivemos a Conversa sobre o Excesso de Confiança.

Eu lhe fiz as três perguntas e as respondemos juntos.

Pergunta nº 1: o que vai acontecer se você ficar com as ações e estiver certo – e o valor delas dobrar? Resposta: você terá mais dinheiro.

Pergunta nº 2: e se você ficar com as ações e estiver errado? Resposta: você vai ter de voltar a trabalhar – talvez, por mais vinte anos.

NÓS NÃO VENCEMOS O MERCADO...

Pergunta nº 3: por acaso você já errou alguma vez? Resposta: sim.
Ele vendeu as ações.

Os Mais Tolos e o seu dinheiro

Voltemos de novo ao final da década de 1990, quando as pessoas tiravam dinheiro da casa para comprar ações de tecnologia.

Esse frenesi de compra não se baseava em análises profundas, e se continuou por tanto tempo foi porque o mercado dava a impressão de que não ia parar de subir. Mas isso não tinha sentido. Na verdade, era uma tolice.

Muitos que investiram nas ações de tecnologia sabiam que elas estavam imensamente supervalorizadas – mas compravam-nas do mesmo jeito. Por quê? Porque imaginavam que iam achar algum imbecil (o famoso "Mais Tolo"* do folclore da bolsa de valores) a quem pudessem vender as ações a um preço ainda mais absurdo.

Mas o que acontece quando não aparece ninguém Mais Tolo?

Isso me lembra Warren Buffet. Certa vez, ele disse que é quando baixa a maré que ficamos sabendo quem estava nadando sem roupa.

Antes de investir seu suado dinheiro, pergunte-se: estou fazendo este investimento porque acho que é um bom investimento? Ou estou contando com a possibilidade de aparecer alguém Mais Tolo ainda? Neste segundo caso, será que – sem querer ofender – você também não está sendo um pouco tolo?

---

* No Brasil, chamados de "bobos da bolsa". (N. do E.)

VOCÊ E SEU DINHEIRO

Um padrão de perda

Certo dia, lendo o jornal, deparei com a pesquisa semanal sobre as opiniões dos investidores publicada pela American Association of Individual Investors. A pesquisa relatava que fazia alguns meses – desde o pico do mercado – que os investidores não se mostravam tão agressivos.

Ora, ora. Eu me lembrei de que a mesma pesquisa, duas semanas antes, havia constatado que fazia mais de um ano que os investidores não se mostravam tão *conservadores*.

O que mudara em duas semanas? A única coisa que eu sabia ao certo era que a bolsa tinha subido 5 por cento entre o momento em que os investidores queriam vender e o momento em que decidiram comprar.

Era a loucura de sempre.

Mais uma vez, as pessoas se animaram a comprar ações porque estas tinham ficado mais caras.

Que pena. Há muito tempo fazemos esse tipo de coisa. E o fazemos porque decidimos onde investir com base em como nos *sentimos*, não no que *sabemos*. As ações em queda nos assustam; as ações em alta nos atraem. Mas sabemos que, se comprarmos na alta e vendermos na baixa, vamos perder dinheiro – e precisamos parar de fazer isso se quisermos obter resultados diferentes.

Mas será que conseguimos parar? Alguns, sim. Muitos outros, porém, não conseguem se controlar. Vão continuar fugindo das ações quando elas lhes causarem dor.

Se você rotineiramente compra e vende na hora errada, já é hora de fazer algo diferente. Uma das alternativas – e admito que é bem drástica – é jurar nunca mais entrar no mercado de ações.

A TEORIA DO MAIS TOLO

FAZER UMA TOLICE

ESPERAR QUE APAREÇA ALGUÉM MAIS TOLO AINDA

VOCÊ E SEU DINHEIRO

[Diagrama manuscrito mostrando uma curva ondulada com setas indicando: "CAMINHO LIVRE — COMPRAR AGORA!" apontando para os picos, e "AS COISAS VÃO MAL — VENDER!" apontando para os vales.]

Não estou brincando. Se você não gosta de se molhar (e os registros mostram claramente que a maioria das pessoas não gosta), deve ser sensato e não sair na chuva. Não importa o que digam os especialistas, ficar longe da bolsa não é estupidez. Você estará simplesmente seguindo o conselho de Will Rogers: pense no retorno *do* seu dinheiro, não no retorno *sobre* o seu dinheiro.

É claro que, evitando completamente as ações, você estará renunciando a alguns retornos possíveis. Para compensar isso, terá de economizar mais ou reestruturar seus objetivos.

Isso seria melhor que continuar comprando na alta e vendendo na baixa.

NÓS NÃO VENCEMOS O MERCADO...

Mas talvez haja uma alternativa ainda melhor. Talvez você deva pedir auxílio a um profissional de finanças em quem realmente confie e que o ajude a tomar decisões melhores. Às vezes, tudo o que precisamos é de alguém que nos tome pela mão e nos impeça de pular no precipício quando estivermos a ponto de fazer uma besteira.

Mesmo tendo a ajuda de um profissional confiável, você precisa continuar envolvido no processo. Esse processo deve ser assim:

- **Faça um plano de verdade.** Não estou falando de um daqueles livros de 5 centímetros de espessura que hoje chamamos de planos financeiros. Estou falando de determinar onde você está hoje, onde deseja estar no futuro e como se comportará para chegar lá.

- **Encontre investimentos para dar corpo ao seu plano.** Isso vem *depois* do processo de planejamento, quando você *já tiver* estabelecido seus objetivos e montado uma estratégia para alcançá-los. Você jamais desperdiçaria seu tempo pesquisando e debatendo se deve viajar de avião, de trem ou de carro se antes não tivesse determinado para onde vai.

- **Admita que o problema existe.** O primeiro passo para largar um hábito destrutivo é admitir que o problema existe. Uma coisa que ajuda

VOCÊ E SEU DINHEIRO

é se lembrar das decisões passadas. Você estourou junto com a bolha de tecnologia, em 1999? E com a bolha imobiliária, em 2006? Vendeu ações em 2002, no final de 2008 e no começo de 2009?

- **Enfrente o fato de que o dinheiro vivo não é solução para nenhuma crise.** Liquidar todas as suas posições até as coisas "se acalmarem" é ir de mal a pior. Normalmente, as pessoas liquidam suas posições para aliviar o estresse – não conseguem mais aguentar a dor. Mas, quando vendemos, um novo problema se apresenta: quando voltar ao mercado? A "solução" mais comum que se dá a esse problema é a de voltar a comprar quando as coisas tiverem "se acalmado". É claro que, quando as coisas "se acalmam", as ações já estão mais caras. Por isso, estamos falando aqui de um plano proposital para vender na baixa (agora) e comprar na alta (mais tarde). Não é um bom plano.

- **Crie uma lista de perguntas a serem feitas antes de você tomar decisões financeiras importantes.** Como você está se sentindo? Está agindo guiado pelo medo ou pela cobiça – ou você enxerga claramente o que está acontecendo? Está reagindo à mídia? Está fazendo isso porque todo o mundo está fazendo a mesma coisa? Será que esse "todo o mundo" é um bom modelo a ser imitado? Por acaso essa decisão decorre naturalmente do seu plano e colabora para que você atinja seus objetivos? Esse *checklist* funciona bem para os pilotos de avião e para os médicos. Do mesmo modo, vai ajudar você a não cometer erros de comportamento ao investir.

- **Não se apresse.** Faça a experiência de escrever a mudança que você pretende fazer em sua carteira de investimentos e deixá-la somente no papel por 24 horas. Ou converse com um amigo ou um consultor de confiança antes de fazer a mudança e fale o que está pensando. Muitas vezes, o simples fato de ouvir suas próprias palavras será suficiente para convencê-lo a esquecer tudo.

- **Incorpore as novas informações aos poucos.** Você pode aprender algumas coisas durante as correções do mercado, e essas lições podem ter algo a dizer sobre sua estratégia e seus objetivos. Durante o declínio de 2008 e 2009, muitos aprenderam que o risco não é simplesmente um conceito abstrato. Essa experiência pode ter levado você a postular objetivos mais modestos. Isso é motivo suficiente para que você mude seus investimentos – para que se torne menos agressivo, por exemplo. Mas não se apresse. Espere até as coisas se acalmarem. Só então você poderá pensar racionalmente sobre sua próxima linha de ação.

- **Foque no seu comportamento, não no comportamento do mercado.** "Você já viu como anda o mercado?" É isso que as pessoas costumam dizer quando se encontram em estado de choque ou de euforia. Estão prontas a liquidar suas posições até as coisas "se acalmarem" ou a se encher de ações antes que seja "tarde demais". Repare nessa tese de que o mercado "anda" de determinado jeito. Na verdade, nós só sabemos como o mercado já esteve. Pode ser que ele esteja chegando ao pico ou no fundo da curva e esteja prestes a mudar de curso.

Não sabemos o que vai acontecer em seguida com o mercado financeiro. Na realidade, tudo o que podemos controlar é o nosso comportamento – e, no fim das contas, nosso comportamento pode fazer uma enorme diferença no nosso sucesso financeiro e na nossa felicidade pessoal.

Em outras palavras, cabe a nós diminuirmos a falha comportamental.

2.

O INVESTIMENTO PERFEITO

VOCÊ E SEU DINHEIRO

HÁ POUCO tempo, li uma reportagem sobre um administrador de fundos de investimento que estava comprando todo o estoque de chocolate do mundo. A reportagem me fez pensar sobre a loucura dos mercados globais. Como entender o fato de o administrador de um fundo de investimento londrino, com filiais na África Ocidental, estar comprando chocolate nas bolsas de valores do mundo inteiro e, talvez (quem sabe?), obrigando minha mulher aqui, em Park City, Utah, a gastar ainda mais dinheiro em chocolate todo mês?

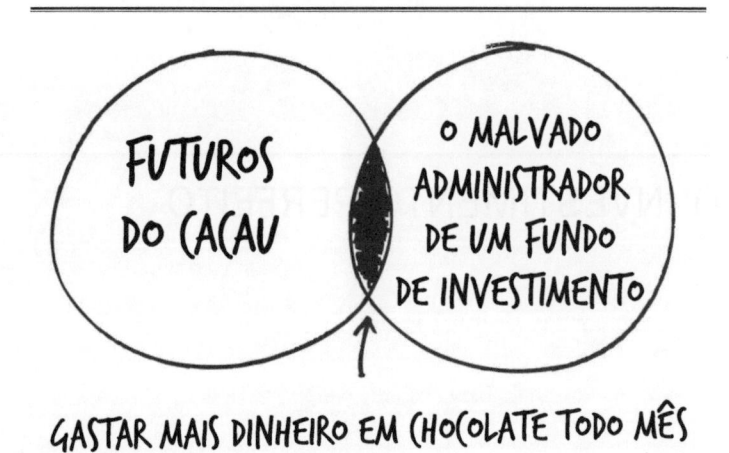

FUTUROS DO CACAU — O MALVADO ADMINISTRADOR DE UM FUNDO DE INVESTIMENTO

GASTAR MAIS DINHEIRO EM CHOCOLATE TODO MÊS

Apesar disso, alguns investidores talvez entendam essa notícia sobre o administrador que está comprando chocolate como um sinal de que também devem comprar um monte de contratos futuros de chocolate (creia, essas coisas acontecem). Provavelmente não será uma boa ideia, pois são inúmeros os fatores que afetam o preço do chocolate e, além disso, não temos a menor ideia de quem seja esse administrador de fundos de investimento. Talvez ele seja doido. Talvez esteja comprando chocolate porque gosta muito, muito mesmo, de chocolate. Ou talvez entenda que o chocolate lhe servirá de proteção na próxima recessão (a propósito, as pessoas não se entopem de chocolate quando a economia está em recessão?).

Os contratos futuros de chocolate talvez sejam o investimento perfeito. Mas não tenho conhecimento suficiente sobre chocolate, sobre esse administrador de fundos de investimento e sobre as motivações dele para saber, com certeza, se o chocolate é um bom investimento. Por isso, acho que vou comer uma barra de chocolate e esquecer o assunto.

Em busca do equilíbrio financeiro

Planejar nosso futuro financeiro é um processo de compensações. Depende, em grande parte, de sabermos lidar com a tensão constante entre viver o presente e economizar para o futuro.

Isso parece um processo complicado (a tal ponto que muitos desistem ainda antes de começar), mas na realidade não passa de um número de equilibrismo. Constatei que vale a pena criar uma estrutura em torno desse processo. Para tanto, podemos fazer algumas perguntas.

- Quanto você pode economizar, dentro do razoável?
- Qual será a sua taxa de retorno?
- De quanto você precisa?
- E quando você vai precisar?

VOCÊ E SEU DINHEIRO

Embora essas perguntas pareçam simples, não são, necessariamente, fáceis de responder. E não há dúvida de que há muitas outras perguntas que você pode fazer. Mas essas quatro são especialmente importantes.

Somente uma das perguntas – a segunda – tem que ver com os investimentos. Apesar disso, boa parte da nossa ansiedade financeira gira em torno da taxa de retorno que projetamos.

A taxa de retorno é uma parte relativamente pequena da equação, nada mais que isso. A busca de retornos mais altos para os investimentos pode mudar para melhor nossas perspectivas, desde que as coisas corram como esperamos. Mas há outras coisas mais garantidas e igualmente eficazes que você pode fazer – você não precisa confiar na esperança. Se puder, economize um pouquinho mais. Pense na possibilidade de adiar um pouco a aposentadoria ou começar uma segunda carreira.

Planejar nosso futuro financeiro é um número de equilibrismo, não uma busca obstinada pela maior taxa de retorno. O verdadeiro planejamento exige que você pense, corrija frequentemente seu curso e, acima de tudo, se esforce para equilibrar as coisas. Encontrar esse equilíbrio é um processo diferente para cada pessoa.

À procura do melhor investimento do mundo

As pessoas gastam muito tempo e energia tentando encontrar as "melhores" ações, fundos mútuos e outros investimentos. As revistas estampam essa procura em suas capas e os autores escrevem livros a respeito dela. Setores inteiros da economia se constroem ao redor desse Eldorado.

O INVESTIMENTO PERFEITO

Mas vamos esclarecer o assunto agora mesmo: essa história de o melhor investimento não existe.

A disseminada noção de que em algum lugar existe um investimento que supera todos os outros simplesmente não faz sentido. Nenhum investimento é bom para todo o mundo. Os melhores investimentos para você dependem de fatores pessoais – seus objetivos, sua personalidade, os ativos que você já possui, sua dívida com o cartão de crédito... A lista não tem fim.

Os produtos financeiros – que não são somente os investimentos, mas também as contas bancárias e as apólices de seguro – devem ser julgados em função de quanto nos ajudam a alcançar nossos objetivos. Uma vez que seus objetivos são específicos, o que dá certo para você pode ser um desastre para outra pessoa.

Além disso, é provável que os investimentos específicos que você escolhe não determinem seu prognóstico financeiro. A todo momento encontro pessoas que passam um tempão caçando grandes investimentos ao passo que ignoram questões mais fundamentais de sua situação financeira.

Chega uma pessoa que está procurando a ação mais quente do momento. Faço-lhe algumas perguntas e descubro que ela não tem seguro de vida ou de invalidez. Um novo cliente entra no meu escritório procurando a conta de poupança com maior rendimento, mas tem uma dívida no cartão de crédito pela qual paga 18 por cento de juros. É o suficiente para que eu diga algo mais ou menos assim: *Por que estamos fuçando aqui e ali para conseguir um CDB que renda meio por cento a mais? Que tal usarmos uma parte das suas economias para pagar parte da dí-*

SEU DINHEIRO — SUA VIDA

↑ PLANEJAMENTO FINANCEIRO REAL

O INVESTIMENTO PERFEITO

vida do cartão de crédito – o que equivale a obter um rendimento de 18 por cento?

Um amigo meu se aposentou da carreira de médico e se tornou consultor financeiro. Os clientes que se fixam nas taxas de juros dos investimentos ao mesmo tempo que ignoram problemas financeiros maiores fazem que ele se lembre de um de seus ex-pacientes, um fumante com pressão alta.

O paciente chegava e perguntava ao meu amigo qual era, no seu caso, o melhor remédio para pressão alta. O debate entre eles era interminável.

Meu amigo não acreditava. Tinha vontade de lhe passar um tremendo sermão. O monólogo que imaginava era mais ou menos o seguinte:

Mas você ainda fuma! Por que estamos tendo essas discussões intermináveis sobre os diversos medicamentos se VOCÊ AINDA FUMA? O medicamento que escolhermos praticamente tanto faz – e, de qualquer modo, você não tem a menor ideia sobre o que estamos falando. Você não é médico!

O fumante deve parar de fumar. Isso é importante e está totalmente dentro da esfera de suas possibilidades. Do mesmo modo, a pessoa que tem uma dívida grande com o cartão de crédito deve parar de assistir à CNBC e tentar encontrar um jeito de pagar essa dívida – e ganhar um retorno garantido, imediato, de 18 por cento sobre esse investimento. A pessoa que não tem seguro de vida deve comprar uma apólice para proteger sua família em vez de perder tempo lendo reportagens de capa sobre as ações mais quentes. A busca pelo investimento perfeito pode desviar a nossa atenção de coisas mais importantes. E mais: ela não dá em nada.

VOCÊ E SEU DINHEIRO

(Não) colecione!

Imagine cada um dos seus investimentos como um fio numa tapeçaria. Cada elemento da carteira de investimentos deve ter um motivo para estar ali – e não pode estar ali só porque você acha que ele tem a possibilidade de ser o melhor investimento do mundo.

Algumas pessoas colecionam investimentos como a garotada colecionava figurinhas de álbuns de beisebol. Neste ano, investem nos fundos mútuos sobre os quais leram na revista *Smart Money*. No ano que vem, investem nos fundos indicados na lista dos dez mais da revista *Money*. Um ano depois, investem em dois ou três fundos internacionais novos que apareceram na página da Forbes.com.

Quando menos esperam, esses colecionadores se veem donos de uma miscelânea de investimentos sem nenhuma relação entre si, que não obedecem a nenhuma estratégia coesa.

Pior ainda: muitas vezes, esses investimentos estão concentrados em tipos semelhantes de ativos – ações de grandes empresas ou títulos de longo prazo, por exemplo –, como as figurinhas de beisebol de um colecionador fanático pelos Red Sox, de Boston. Volta e meia conheço alguém que, por ter investido em quinze ou vinte fundos mútuos diferentes, acha que diversificou seus investimentos. Mas os vários fundos podem ter estratégias de investimento muito semelhantes. Nesse caso, quando o valor de um deles cair, as cotas de fundos com estratégias semelhantes cairão do mesmo modo.

Enquanto isso, a manutenção dessa miscelânea de ativos envolve custos, sem falar no tempo e na complicação de acompanhá-los um por um.

O INVESTIMENTO PERFEITO

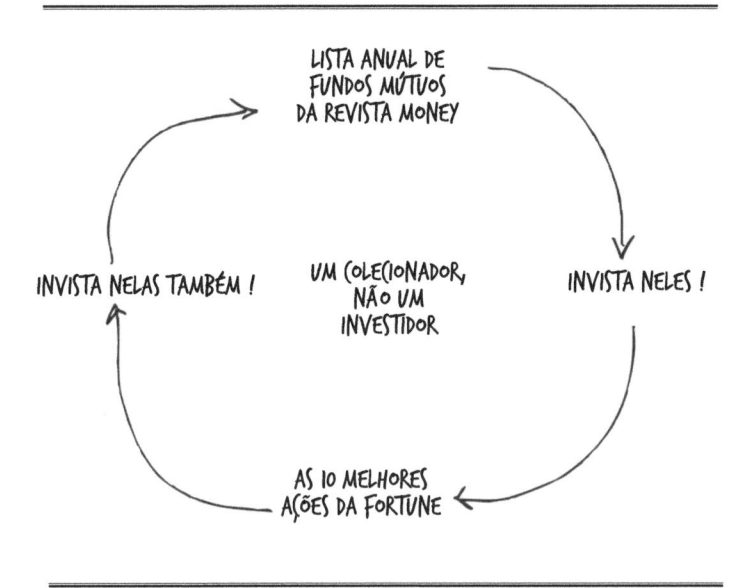

```
        LISTA ANUAL DE
        FUNDOS MÚTUOS
        DA REVISTA MONEY

INVISTA NELAS TAMBÉM!   UM COLECIONADOR,    INVISTA NELES!
                           NÃO UM
                         INVESTIDOR

              AS 10 MELHORES
              AÇÕES DA FORTUNE
```

Lembre-se: você não é um colecionador, mas um investidor. Precisa de investimentos que trabalhem juntos para diminuir a distância entre você e seus objetivos financeiros. E tem de garantir que seus ativos não o exponham a riscos com os quais você não tenha condições de lidar.

As revistas financeiras que estão na sua mesinha de centro são mais ou menos como seu dentista ou seu cunhado. Elas podem desempenhar um papel construtivo em sua vida, mas não sabem quais são os melhores investimentos – muito menos quais são os melhores para *você*.

À procura do sr. Lynch

Sempre que um fundo mútuo faz propaganda do seu desempenho, a Comissão de Valores Mobiliários dos Estados Unidos

VOCÊ E SEU DINHEIRO

exige que ele especifique que "o desempenho anterior de um fundo não determina necessariamente seus resultados futuros".

Um estudo feito por pesquisadores da Universidade Estadual do Arizona e da Faculdade de Direito de Wake Forest dá a entender que esse alerta não é suficiente. Os pesquisadores recomendam algo um pouco mais forte: "Não espere que o desempenho anterior do fundo aqui citado continue no futuro. Nossos estudos indicam que os fundos que no passado tiveram melhor desempenho que os fundos análogos, geralmente, não têm melhor desempenho que o deles no futuro. O bom desempenho anterior depende, muitas vezes, do acaso."

Apesar do aviso da CVM e das pesquisas que indicam, de forma quase conclusiva, que o desempenho anterior não tem valor preditório, a maioria das pessoas ainda toma o desempenho anterior como fator predominante na hora de escolher seus investimentos.

Esse é um daqueles aspectos da atividade de investidor em que nossa experiência em outras áreas da vida nos atrapalha. Quando queremos contratar determinado mestre de obras para reformar nossa casa, uma das primeiras coisas que fazemos é ir ver o trabalho daquele mestre em outras casas. Parece razoável pensar que o trabalho que ele fará em nossa casa será pelo menos tão bom quanto aquele, senão melhor.

No caso dos fundos mútuos, contudo, o passado praticamente não tem nenhum valor preditivo. Certas pessoas passaram anos procurando um jeito de identificar quais fundos mútuos terão bom desempenho no futuro. Investigaram a formação e as experiências dos administradores e, como não poderia deixar de ser, seu desempenho anterior.

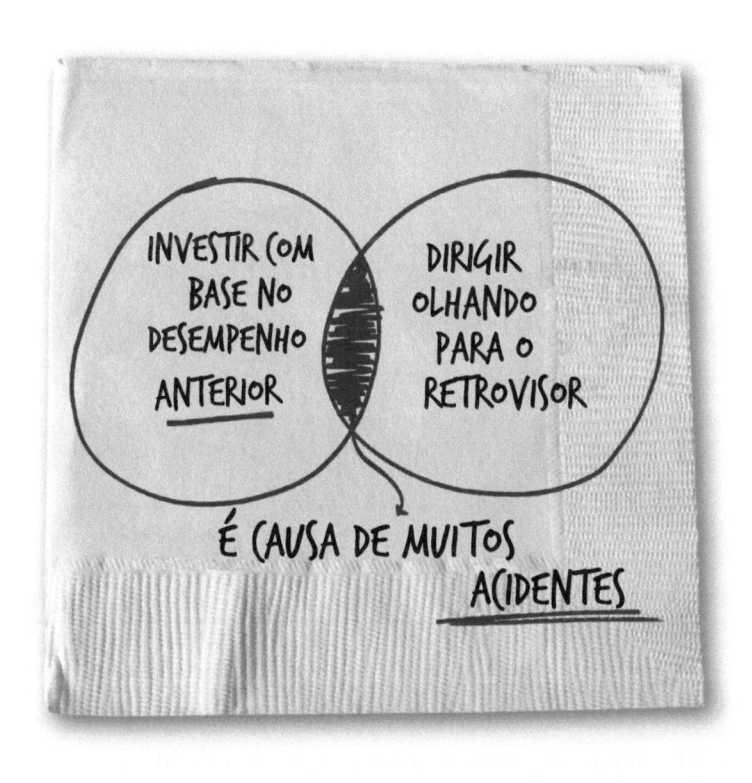

INVESTIR COM BASE NO DESEMPENHO ANTERIOR

DIRIGIR OLHANDO PARA O RETROVISOR

É CAUSA DE MUITOS ACIDENTES

VOCÊ E SEU DINHEIRO

O que descobriram é que a taxa de administração é o único fator que serve para prever, com certa confiabilidade, o desempenho de um fundo de investimentos. Quanto maiores as despesas – o custo de manutenção daquele investimento –, pior o desempenho para os acionistas. Nesse caso, quem paga *menos* ganha mais.

CHANCE DE UM FUNDO DESPENCAR / DESPESAS

Apesar disso, ainda buscamos na mídia as listas dos "Dez Melhores Fundos para Investir Agora" (listas tipicamente baseadas no desempenho anterior), à procura de lugares onde colocar nossas economias.

Um amigo que escreve sobre finanças fez, certa vez, a reportagem da capa para uma revista. O tema era a busca pelo próximo Peter Lynch (o lendário administrador do Fundo Magellan, da Fidelity, de 1977 a 1990). Para surpresa de muitos investidores do fundo, Lynch tinha acabado de se aposentar e todos estavam à procura de um sucessor. Meu amigo acabou fazendo o perfil dos prováveis candidatos – gente que havia obtido excelente retorno por um período de cinco anos ou mais.

Depois, ficou claro que esses administradores eram uma turma bastante razoável. Um ou dois tiveram muito sucesso; um ou dois fracassaram completamente; os outros ficaram na média. Nada mal, mas nenhuma lenda à vista.

Tentar descobrir qual fundo vai liderar os ganhos nos próximos três meses, no próximo ano ou nos próximos dez anos é uma tolice. Preocupe-se, em vez disso, em encontrar um investimento de baixo custo que você seja capaz de manter a longo prazo.

A próxima Apple? Não morda a maçã

A probabilidade de você conseguir identificar a ação mais quente do momento, como foram as do Google e as da Apple, é absurdamente baixa. Entretanto, como as propagandas enganosas da loteria, as reportagens populares sobre o próximo "grande" investimento nos tentam a crer que seremos capazes de fazê-lo.

Poucos anos depois de meu amigo se esforçar (em vão) em identificar o próximo Peter Lynch, ele escreveu uma reportagem cujo título era algo como: "Em busca da próxima Microsoft." Foi legal escrever a reportagem – ele e sua equipe de repórteres entrevistaram dezenas de administradores e analistas conceituados para tentar entender por que a Microsoft tinha sido tamanha mina de ouro quando surgira. Depois, saíram em busca de outras ações que tivessem as mesmas caracterís-

VOCÊ E SEU DINHEIRO

ticas. Foi um exercício gostoso de fazer e meu amigo aprendeu muito, mas não encontrou a próxima Microsoft. A reportagem foi indicada para um prêmio nacional de jornalismo – era meticulosa nos detalhes e divertidíssima de ler –, mas meu amigo nem se lembra dos nomes das ações que citou no texto.

ALGO A PENSAR <u>ANTES</u> DE VOCÊ INVESTIR TODAS AS SUAS ECONOMIAS NA "PRÓXIMA APPLE"

PROBABILIDADE DE VOCÊ GANHAR
$

PROBABILIDADE DE VOCÊ PERDER
$

No fim, ele parou de escrever reportagens sobre a escolha de ações. "É mais ou menos como escrever sobre turfe", diz. "É divertidíssimo. Além disso, a gente aprende muito sobre como as empresas funcionam e como as pessoas avaliam as ações. Algumas vezes, conseguimos pelo menos identificar as piores ações; de vez em quando, esbarramos com algo que dá certo e ficamos nos achando muito inteligentes. No fim das contas, porém, tudo não passa de diversão. Sabemos disso e torcemos para que ninguém leve muito a sério o que escrevemos. Mas sabemos que certas pessoas levam."

O INVESTIMENTO PERFEITO

Procurar a ação mais quente do momento é péssimo, mas *investir* na ação mais quente do momento é ainda pior.

Nathan Pinger é membro da YCharts, uma organização que analisa dados de mercado. Ele observa que as ações do Google subiram de 100 para 600 dólares, entre agosto de 2004 e dezembro de 2010. As da Apple subiram mais de 4 mil por cento, do final de 2000 ao final de 2010. Em decorrência disso, muita gente decidiu que essas ações deviam estar presentes em suas carteiras. Mas Pinger acrescenta uma infeliz nota de rodapé: "Tentar determinar o futuro de uma ação com base em seu crescimento passado é como tentar adivinhar se uma moeda vai dar cara ou coroa sabendo que da última vez ela deu cara. O lançamento anterior não significa absolutamente nada."

RISCO / VALOR DE MERCADO

VOCÊ E SEU DINHEIRO

Na verdade, investir nos títulos que mais têm crescido talvez seja ainda mais perigoso que isso. Quanto mais quente o investimento, maior o risco. O irmão do amigo de um amigo meu comprou uma quantidade de prata em 2010 e ganhou muito dinheiro — talvez uns 200 mil dólares. Foi um investimento arriscado e deu certo. Por isso ele decidiu comprar mais. Pensou: se a prata tinha sido um excelente negócio em seu preço original, talvez seja um negócio ainda melhor agora que o preço triplicou.

Não sabemos no que vai dar o investimento desse cara. Mas você acha que o comportamento dele faz sentido? Para ele, sim! Afinal de contas, ele tinha lido vários artigos dizendo que o preço da prata ia continuar subindo!

Isso me lembra outro problema que todos os investidores enfrentam. Temos a tendência de supor que aquilo que sabemos é mais importante do que aquilo que não sabemos. Esse entusiasta da prata tinha lido um monte de relatórios de firmas que queriam lhe vender prata e recomendavam a agressividade nos investimentos. Nunca lhe ocorreu que também havia inúmeras razões para *não* investir em prata. Por isso ele investiu nesse metal todo o dinheiro de sua aposentadoria — e sugeriu que o irmão fizesse a mesma coisa. (Se pedir conselhos de investimento ao seu irmão não é boa ideia, *dar-lhe* conselhos de investimento é ainda pior. Nesse caso, o irmão disse "não, obrigado"...)

Volta e meia, um cliente me liga porque está de olho na ação mais quente do momento. Ele acha que faz sentido desconsiderar todo o seu plano, ignorar seus objetivos e apostar todo o seu futuro numa dica... de seu irmão que, por sorte, comprou aquela ação quando ela estava barata.

O INVESTIMENTO PERFEITO

Essa disposição de apostar tudo numa única cartada tem certo sentido do ponto de vista emocional. Quando éramos crianças, nós meio que acreditávamos em magia e em super-heróis e queríamos que essas coisas existissem. Torcemos pelos times mais fracos, mesmo sabendo que será preciso um milagre para eles ganharem do favorito. Chegamos até a jogar na loteria! Não parece tanta loucura acreditar que os astros se alinharão e que uma única decisão financeira mudará nossa vida para sempre. Pelo contrário, é gostoso acreditar nisso.

O problema é que, quando ficamos à procura de um investimento específico, acabamos perdendo de vista as coisas que realmente importam, ou seja, nossos objetivos e planos.

As fantasias só são divertidas enquanto duram. No final de 1999, eu estava resistindo à tentação de comprar ações de empresas de tecnologia – tentação que se tornava mais forte a cada mês. Todo o mundo – meus amigos, minha família, meus clientes – queria que eu comprasse essas ações. Para piorar, meu cunhado trabalhava no segmento de tecnologia da informação e vivia me contando histórias de pessoas que tinham ganhado dinheiro fácil, fácil.

Adivinhe: cedi! Encontrei a ação mais quente possível do setor de tecnologia (a da InfoSpace) e investi pesado nela.

O preço da ação passou de menos de 100 dólares para mais de 1.300 dólares em poucos meses. Porém, em março de 2001, já tinha caído para menos de 25 dólares.

É assim que as coisas funcionam. O mais irônico nisso tudo é que as pessoas que mais se esforçam para permanecer fiéis a seus planos – as que resistem por mais tempo antes de, finalmente, capitular – são aquelas que mais se machucam, pois compram as ações quando elas estão mais próximas de seu valor máximo. Quando esses duros na queda desistem é porque o pico do valor não deve estar muito longe, pois depois deles não haverá mais ninguém para comprar a ação.

Se você der um pulinho no meu escritório, vai ver um certificado de ações emoldurado e pendurado na parede. Olhe bem: são minhas ações da InfoSpace. Pedi que me mandassem o certificado pelo correio para que pudesse emoldurá-lo e vê-lo todos os dias – um lembrete da minha loucura. Na época, aquilo doeu – e ainda dói um pouco –, mas a lição valeu a perda.

Para 99,99 por cento das pessoas, ir atrás dos Googles e das Apples da vida se reverterá em decepção.

Por outro lado, a probabilidade de alcançar o sucesso financeiro será muito mais alta se simplesmente trabalharmos, economizarmos e construirmos uma carteira de investimentos baseada na realidade.

O resultado do investimento nem sempre é justo

É claro que nem todas as histórias sobre investimentos têm uma moral clara e positiva. Às vezes a loucura é recompensada, e a prudência e o bom-senso são castigados – pelo menos a curto prazo. É por isso que não julgo os conselhos sobre investimentos de acordo com seus resultados, mas sim de acordo com os princípios em que se baseiam.

Um cliente me procurou com as ações da companhia de mineração de sua avó. A família tinha perdido milhões de dólares tentando salvar a empresa, que tinha papel de destaque na história familiar. O valor da ação tinha caído para cerca de 2 dólares e o cliente estava tentando decidir o que fazer.

O INVESTIMENTO PERFEITO

Preocupava-se com a possibilidade de vender as ações e elas se recuperarem. Nesse caso, ele e a família se arrependeriam de tê-las vendido.

Eu lhe disse que, se ele vendesse as ações e o valor delas duplicasse ou triplicasse – e havia a possibilidade real de isso acontecer –, ele se sentiria mal. Mas também lhe disse que, se ele ficasse com as ações, poderia acontecer de o valor delas cair a zero – e nesse caso ele se sentiria muito pior.

Quando tomamos boas decisões de investimento, vale a pena estarmos emocionalmente preparados para os piores resultados. Mas temos de continuar tomando boas decisões de qualquer modo. No fim, essa estratégia é melhor que a de tomar decisões ruins.

Eu me lembro daquele inglês de 32 anos que vendeu todos os seus bens e levou o dinheiro (135.300 dólares) para Las Vegas para apostá-lo todo num único giro da roleta.

Essa decisão foi boa ou ruim?

No fim, ele ganhou – e duplicou seu dinheiro.

Mas torno a perguntar: a decisão foi boa ou ruim?

Resposta: mesmo ganhando, foi uma péssima decisão.

Outro cliente me procurou quando a empresa para a qual trabalhava fusionou-se com outra. Ele foi obrigado a aposentar-se antes do tempo, mas levou consigo uma imensa pilha de ações da empresa recém-formada. Essas ações representavam 90 por cento do seu patrimônio. Ele era muito dedicado à empresa para a qual trabalhava, e ser forçado a aposentar-se foi traumático para ele.

E agora, lá estava eu aconselhando-o a vender as ações, o último vínculo que ele tinha com a empresa.

VOCÊ E SEU DINHEIRO

Cliente: *Por quê? Você acha que o preço das ações vai cair?*

Eu: *Não. Meu conselho não tem nada que ver com o preço das ações nem com o que eu acho que vai acontecer. Não tenho a menor ideia do que vai acontecer. Portanto, o que eu penso sobre isso não tem a menor importância.*

Cliente: *Mas e se o preço das ações subir?*

Eu: *Você vai se sentir mal. Mas isso não importa. O que importa é que apostar 90 por cento do seu patrimônio líquido numa única ação é uma péssima ideia.*

O que eu queria dizer é que nossas decisões devem ser baseadas em princípios, não no que achamos que vai acontecer. O princípio, nesse caso, era aquele segundo o qual é sempre ruim ter uma parcela grande do nosso patrimônio amarrada a um único investimento, quanto mais a uma única ação.

Ele vendeu as ações, que depois caíram mais de 90 por cento. Ainda me chama de Papai Noel. Eu, de minha parte, continuo lembrando-o de que a decisão de vender as ações teria sido boa mesmo que o preço delas tivesse duplicado logo em seguida.

O melhor investimento não existe. Mas, às vezes, a melhor *decisão* é óbvia.

3.

IGNORE OS CONSELHOS,
RIA DAS PREVISÕES

VOCÊ E SEU DINHEIRO

TODOS gostamos de dar conselhos. Dando-os, nós nos sentimos necessários, úteis, importantes. Mas vamos encarar a realidade: a maioria dos conselhos que damos (e recebemos) é inútil ou, pior, prejudicial.

Um amigo meu e sua esposa construíram, há pouco tempo, uma casinha numa praia remota de um país da América Central. Foram passar alguns meses ali e receberam a visita de todos os vizinhos. Cada vizinho tinha um conselho a lhes dar, geralmente na forma de um aviso. Um deles tinha sofrido com os cupins. Previu que a casa do meu amigo seria completamente comida por esses insetos e apresentou-lhe várias ideias sobre como evitar que isso acontecesse. Uma vizinha tinha sido assaltada. Dirigiu ao meu amigo advertências terríveis, recheadas de conselhos sobre medidas de segurança. Outra vizinha morria de medo dos raios, um dos quais atingira uma árvore em seu quintal. Assim, aconselhou que meu amigo ficasse de sobreaviso. Um quarto vizinho havia perdido seu imóvel num litígio. Avisou meu amigo desse risco e aconselhou-o a considerar a hipótese de vender a casa antes que fosse tarde demais.

Meu amigo achou tudo isso muito engraçado. "É claro que alguma coisa ruim vai acontecer com a nossa casa em algum momento", diz ele. "Mas será algo completamente diferente. Será a *nossa* desgraça."

Essa historinha dele me fez pensar sobre as origens do ato de aconselhar. As pessoas tendem a nos dar conselhos baseados em seus próprios temores, experiências, especialidades e motivações. Em regra, os conselhos que elas dão têm pouco que ver com a realidade da nossa vida. Até nossos amigos e familiares, que em tese nos conhecem bem, geralmente erram.

IGNORE OS CONSELHOS, RIA DAS PREVISÕES

A maioria dos conselhos com que deparamos nos meios de comunicação (inclusive nos livros!) é ainda pior. Em geral, eles não têm nada ou quase nada que ver com a realidade da nossa vida. E como poderiam ter, se a pessoa que dá o conselho nem sequer nos conhece?

As previsões, acompanhadas de conselhos (implícitos ou explícitos) sobre o que fazer *agora*, são o pior de tudo. Em 2010, o *New York Times* publicou um artigo chamado "A Market Forecast that Says 'Take Cover'" ("Um prognóstico de mercado que diz: 'Proteja-se'"). O artigo divulgava os conselhos de um especialista segundo o qual os "investidores individuais devem liquidar todos os seus ativos e munir-se de dinheiro e equivalentes do dinheiro, como títulos do Tesouro, agora e ainda por muitos anos".

O artigo chamou muita atenção. Foi, entre os artigos do jornal, um dos que mais receberam *e-mails* por vários dias.

Mas o que devemos fazer com uma informação como essa? Devemos seguir o conselho de "nos proteger" independentemente da nossa idade, dos nossos objetivos específicos, da situação da nossa família? Pensando bem, o que leva as pessoas a dar conselhos específicos de investimento a gente completamente desconhecida? Você aceitaria o conselho de qualquer pessoa que encontrasse na rua – mesmo que essa pessoa estivesse usando um terno caro? Por que aceitar o mesmo tipo de conselho quando ele vem impresso no jornal?

E os conselhos veiculados em livros, na televisão e em outros meios de comunicação pelos gurus mais populares das finanças pessoais? Alguns desses gurus têm ótimas ideias. Mas será que os conselhos genéricos deles se aplicam a você? Pode ser que sim, mas pode ser que não.

VOCÊ E SEU DINHEIRO

Veja, por exemplo, o caso daqueles planos de previdência privada que proporcionam uma renda mensal garantida em troca de um polpudo investimento inicial. Os melhores gurus aconselham seus leitores a fugir deles – e, em geral, têm razão. É fato que esses planos de previdência privada são um péssimo negócio para a maioria das pessoas, graças, em parte, às altas taxas de administração. Eu mesmo tenho preconceito contra eles. Considerei a possibilidade de usá-los dezenas de vezes e só me lembro de duas ocasiões em que acabei recomendando-os. Nessas duas ocasiões, porém, o plano deu certo.

Uma delas foi o caso de uma viúva, conhecida minha, que tinha dinheiro contado para viver durante a aposentadoria. Ela não podia se dar ao luxo de correr nenhum risco com seu capital, mas precisava ganhar mais do que os CDBs lhe pagavam. Depois de examinar cuidadosamente todas as suas opções, concluímos que as circunstâncias exigiam que ela investisse num plano de previdência privada com taxa de retorno garantida.

Isso foi em 1999. Como tudo deu certo, o filho dela ainda me liga para me agradecer por não tê-la deixado entrar no mercado de ações. As palavras dele: "Se tivéssemos feito as coisas de outra maneira, o dinheiro dela talvez tivesse acabado e ela teria de morar no nosso porão."

Repito: como regra geral, os planos de previdência privada não valem a pena. Mas acredito que seguir regras gerais é arriscado, especialmente quando elas vêm de pessoas que não nos conhecem. Chego ao ponto de dizer que pouquíssimas regras gerais realmente se aplicam a situações concretas. Elas são, na melhor das hipóteses, pontos de partida.

IGNORE OS CONSELHOS, RIA DAS PREVISÕES

Aquele famoso planejador financeiro pode até ser um gênio e pode ter ajudado muita gente. Mas lembre-se: ele não conhece você. Não é o *seu* planejador financeiro.

As finanças pessoais são pessoais

Acredite no que eu, um desconhecido, lhe digo: é complicado seguir os conselhos de gente desconhecida. Digamos que você esteja planejando uma viagem de férias e lê um artigo de revista sobre certa pessoa que se divertiu à beça num hotel fazenda em Montana. As fotos são fantásticas. Você vai para lá – e os pernilongos o enlouquecem, o calor é insuportável, a comida não lhe cai bem e os cavalos o irritam. Pode até ser que o autor do artigo tenha se divertido, mas você não é ele.

A mídia financeira, os blogueiros que falam de finanças pessoais e os autores campeões de vendagem são todos fontes de informação. Podem até ter boas ideias que talvez sejam úteis para você. Mas não podem lhe dizer como essas informações e ideias se aplicam particularmente ao seu caso, pois não conhecem você. Mais importante ainda: não *são* você.

Meu amigo Tim Maurer é planejador financeiro, educador e escritor. Seu lema é o seguinte: "As finanças pessoais… são primeiro 'pessoais' e só depois, 'finanças'."

É verdade. O planejamento do nosso futuro financeiro é uma questão pessoal. Um bom plano será específico para a nossa situação; e o que é bom para a nossa situação pode ser um desastre para outra pessoa. Por isso, antes de tomar decisões importantes a respeito do seu dinheiro, reflita sobre como aqueles conselhos se aplicam à sua situação.

VOCÊ E SEU DINHEIRO

O palpite é deles, mas o dinheiro é seu

Certo dia, há alguns anos, um amigo veio me ver no escritório. Ele estava preocupado com um assunto chamado "negociações de Bin Laden". Corria o boato de que um investidor misterioso tinha apostado muito dinheiro na ideia de que a bolsa iria cair em setembro de 2007. Segundo se dizia, certa pessoa (talvez Osama bin Laden!) tinha feito essa aposta porque tinha ciência de um iminente atentado terrorista que derrubaria os preços de todas as ações. Meu amigo queria saber se devia vender suas ações a fim de evitar a quebra iminente.

Parecia meio esquisito. Eu disse ao meu amigo que ignorasse os boatos e todas as previsões relacionadas a eles. No fim, não havia conspiração alguma, nenhum investidor misterioso... e a quebra prevista não aconteceu.

Mais ainda: mesmo que o boato fosse verdadeiro, nós teríamos razão para ignorá-lo.

Com pouquíssimas exceções, as previsões sobre o mercado e a economia não passam de adivinhações, palpites – alguns dos quais são completamente malucos. Porém, como continuamos diante de um futuro econômico incerto, temos mais do que nunca a tentação de achar um guru. Queremos que alguém nos diga o que vai acontecer para que possamos fazer nossos planos. Gostamos da ideia de que é possível conhecermos o futuro e estarmos preparados para enfrentá-lo.

Mas as coisas não são assim.

Diante de uma previsão, lembre-se do seguinte:

Ninguém sabe o que o futuro nos reserva. A história, na verdade, só serve para uma coisa: para nos dizer que é difícil fazer previsões certeiras.

UMA POSTAGEM NUM BLOGUE, UM ARTIGO, UM LIVRO

TODAS AS SUAS ECONOMIAS

TOME MUITO <u>CUIDADO</u>

VOCÊ E SEU DINHEIRO

CHANCE DE PELO MENOS UMA SE REALIZAR

NÚMERO DE PREVISÕES

Se uma pessoa dá um monte de palpites, é provável que acerte pelo menos alguns deles. Até um relógio quebrado marca a hora certa duas vezes por dia. Por isso, se alguém prevê corretamente uma queda da bolsa, não leve isso muito a sério. Deve ter sido pura sorte.

Li um artigo de Joe Keohane no *Boston Globe*. O tema do artigo era o economista Nouriel Roubini, da Universidade de Nova York. Em 2006, Roubini previu que a economia logo despencaria do alto de um precipício. Quando chegou a Grande Recessão, ele foi promovido à posição de profeta. Mas o fato é que ele fez outras previsões radicais e errou muitas vezes. Um exemplo: em março de 2009, ele previu que o índice S&P 500 cairia para menos de 600 pontos naquele ano; o índice fechou o ano em 1.115 pontos, valorizando-se 23,5 por cento em doze meses.

Na verdade, aqueles caras que de vez em quando acertam uma previsão muito drástica são menos confiáveis que seus colegas mais moderados. Keohane cita um estudo feito em 2010 pelo economista Jerker Denrell, de Oxford, e por Christina Fang, da Universidade de Nova York. Eles estudaram a fundo os dados dos artigos do "Survey of Economic Forecasts" ("Levantamento das previsões econômicas"), do *Wall Street Journal*.

Denrell e Fang concluíram que os economistas que preveem corretamente os eventos mais inesperados têm um histórico de previsões pior, no longo prazo, do que o resto. De fato, segundo observaram, o analista que tinha o maior número e a maior proporção de previsões *radicais* corretas era também, de longe, o que tinha o pior histórico *global* de previsões.

Pensando bem, isso faz sentido. Os caras que tendem a fazer previsões ousadas tendem a errar porque constantemente correm riscos. De vez em quando acertam uma, e aí parecem gênios. Na maioria das vezes, estão simplesmente errados.

A pessoa que faz previsões econômicas e acerta um palpite importante pode viver disso por muito tempo. Pense em todos os ilustres desconhecidos que vieram a público dizendo ter previsto o colapso de 2008. A maioria deles teve sorte e nada mais.

Os economistas e analistas de mercado sensatos são capazes de fornecer ideias úteis sobre o presente. Mas não podem prever o futuro.

Ninguém pode.

Todo guru está certo até o dia em que erra

Em julho de 2010, o famoso analista de mercado Robert Prechter (que promove um sistema chamado Elliott Wave Principle, Teoria das Ondas de Elliott) fez esta previsão: "O índice

VOCÊ E SEU DINHEIRO

Dow, que agora está em 9.686,48 pontos, deve cair para menos de mil pontos no decorrer de cinco ou seis anos, à medida que um grande ciclo do mercado vai terminando."

No comecinho de 2011, Robert Shiller, de Yale, previu que o índice das quinhentas ações mais valorizadas da Standard & Poor's (S&P) subiria de 1.280 pontos (seu nível em 10 de janeiro de 2011) para 1.430 pontos no decorrer dos dez anos seguintes – um aumento de 1,3 por cento ao ano.

Em janeiro de 2011, o veterano estudioso do mercado Lazlo Birinyi previu que o índice S&P bateria na casa dos 2.854 pontos (repare agora na data) no fim do dia 4 de setembro de 2013.

Aí está. Três gurus do mercado com três previsões divergentes, todas elas bem radicais. As três previsões foram veiculadas por organizações noticiosas conhecidas e de boa reputação.

O que o investidor deve pensar? O que deve fazer?

Ignorá-las.

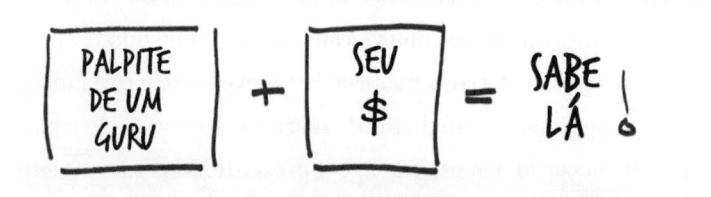

[PALPITE DE UM GURU] + [SEU $] = SABE LÁ !

Às vezes é divertido bater papo com os amigos e colegas sobre nossas opiniões acerca da bolsa. Às vezes temos a sensação de que todo americano que se preza é obrigado a ter uma opinião formada sobre a economia e o mercado.

Mas ninguém é capaz de nos dizer para onde vai a bolsa de valores (ou qualquer mercado).

IGNORE OS CONSELHOS, RIA DAS PREVISÕES

E, mesmo que alguém tivesse essa capacidade, como você (ou eu) distinguiríamos essa pessoa daqueles palhaços que de vez em quando dão sorte? Você daria ouvidos a Prechter, Shiller, Birinyi... ou qualquer outro?

Nesse caso, por que lhes damos ouvidos?

Nós nos interessamos pelas previsões porque somos humanos. Vários fatores conspiram para nos tornar presas fáceis dos adivinhos do mercado.

Para começar, nosso instinto de sobrevivência nos leva a tentar prever constantemente os perigos que estão à nossa espreita. E, sendo animais sociais, adoramos saber o que os outros não sabem. Todo o mundo quer ser o primeiro a dar a notícia no Facebook ou no Twitter. Num nível muito elementar, queremos ser aquela pessoa (muito estimada) que alerta os outros do perigo ou lhes oferece informações úteis.

Enquanto isso, é assustador aceitar que boa parte do que acontece é aleatório e que a mudança parece ser a única constante. Usamos previsões e cálculos para tomar quase todas as nossas decisões – sobre o clima, o tempo que levaremos para chegar ao escritório e até que roupa usar. Sentimo-nos ansiosos quando temos de admitir que a maioria das previsões (tanto as nossas quanto as alheias) é, na melhor das hipóteses, errônea. É por isso que nos sentimos gratos quando alguém – especialmente aquelas pessoas famosas e respeitadas que são citadas nas publicações da grande mídia – se oferece para nos dizer o que vai acontecer no futuro.

Tudo bem. Então, é meio assustador desistir da ideia de confiar em gente desconhecida para nos dizer o que fazer com o nosso dinheiro ou o que vai acontecer em seguida no mercado financeiro. Mas a verdade é que abandonar essa noção é o primeiro passo rumo a uma espécie de liberdade.

Nossa contínua disposição a ouvir conselhos e previsões, apesar de a experiência e as pesquisas nos mostrarem que nada disso pode nos ajudar, é um exemplo de por que temos tanta dificuldade para manter o comportamento adequado no que se refere aos investimentos. Queremos que alguém nos diga o que fazer. No fim, porém, temos de reconhecer que o futuro é imprevisível. Os conselhos e previsões, na maioria das vezes, nos distraem da nossa verdadeira tarefa: conhecer a nós mesmos e aos nossos objetivos, tomar decisões compatíveis com esses objetivos e adaptarmo-nos às surpresas que inevitavelmente surgirão.

Ao longo da evolução natural, aprendemos a examinar o horizonte em busca de sinais e a formar juízos rápidos, de improviso. Andrew Lo, professor de finanças no Massachusetts Institute of Technology (MIT), observa que, se cada um de nós abrisse o armário a cada manhã e procurasse determinar a combinação perfeita de roupas, teríamos de escolher a partir de milhares de combinações possíveis.

O mesmo vale para os investimentos. Há milhões de maneiras pelas quais podemos estruturar nossa vida financeira. Por isso é gostoso imaginar que alguém pode nos dizer o que fazer – ou nos dar informações que simplifiquem tremendamente nossas escolhas (*as ações estão subindo; compre ações*).

O que fazer, então, quando percebemos que os conselhos são genéricos e as previsões, duvidosas? Não é um tremendo problema? Na verdade, não. Não temos de escolher investimentos perfeitos nem montar uma carteira perfeita.

IGNORE OS CONSELHOS, RIA DAS PREVISÕES

Afinal de contas, nós não queremos nem precisamos que outra pessoa escolha nossas roupas toda manhã com base em previsões sobre como será o nosso dia, quem vamos encontrar e o que fulano vai pensar da nossa camisa cor-de-rosa. Pelo contrário, baseamo-nos na nossa experiência, no nosso discernimento e no nosso gosto para vestir.

Contamos também com nossa flexibilidade. Se errarmos, teremos de nos adaptar. Se o dia estiver mais quente que o esperado, tiraremos o paletó. Se nossa roupa não for formal o suficiente, pediremos desculpas. E ponto. Enquanto isso, se precisarmos saber a opinião de alguém, será suficiente perguntar: *Como eu estou?*

Do mesmo modo, podemos projetar nossa carteira de modo a compatibilizá-la com o melhor entendimento que temos agora a respeito de como os mercados financeiros funcionam. Podemos compatibilizá-la, além disso, com o que pretendemos realizar ao longo dos próximos anos. Quando as coisas mudarem, nós nos adaptaremos.

E, se precisarmos de uma segunda opinião, podemos recorrer àquelas pessoas de confiança que nos conhecem – não a um desconhecido que tem um programa na TV a cabo.

Seja você mesmo

Há alguns anos, tive uma conversa séria com uma pessoa que estava descontente com os resultados de sua estratégia de investimento. Discutimos uma abordagem alternativa. Então, ele me perguntou: "Se essa ideia é tão boa, por que Harvard não faz as coisas desse jeito?"

VOCÊ E SEU DINHEIRO

A pergunta não me surpreendeu de todo. O cara é professor universitário e, na época, Harvard e Yale apareciam a todo momento na imprensa em razão do desempenho dos investimentos feitos com suas dotações.

De qualquer modo, eu lhe disse que, na verdade, não sabia o que Harvard e Yale estavam fazendo com suas carteiras (eu tinha uma ideia geral, mas não conhecia nenhum detalhe). O mais importante, porém, era que os objetivos dessas instituições educacionais eram, certamente, muito diferentes dos objetivos dele como ser humano.

Os objetivos de Harvard podem refletir as coisas mais diversas, desde o montante de seus ativos atuais até a decisão de construir um novo *campus* no Equador, por exemplo.

Gráfico: eixo vertical "SUCESSO COMO INVESTIDOR", eixo horizontal "TENTAR FAZER O QUE HARVARD FAZ", com linha horizontal constante baixa.

IGNORE OS CONSELHOS, RIA DAS PREVISÕES

Os objetivos dos investimentos de uma pessoa ou de uma família terão mais que ver com a educação das crianças (talvez em Harvard!) ou com a decisão de preservar a independência financeira de pais idosos.

As instituições conseguem condições especiais para seus investimentos. As taxas que incidem sobre investimentos alternativos e estratégias de cobertura deixam essas coisas fora do alcance de pessoas como você e eu. As fundações também obtêm descontos porque investem quantias imensas. Em consequência, fazem largo uso desses esquemas.

Em resumo, sua carteira não são os fundos de uma universidade. Querer que as mesmas estratégias que elas usam deem certo para você é como comprar roupas numa loja para pessoas muito altas quando você tem um pouco mais de 1,60 metro. As roupas não vão cair bem.

Tudo bem. Pode ser que nunca tenha lhe ocorrido a ideia de investir como o pessoal de Harvard e Yale – ou a universidade do estado onde você mora. Mas você provavelmente já se viu tentado a seguir as estratégias de outros investidores bem-sucedidos.

Às vezes, esses investidores são nossos amigos e familiares. Em geral, são famosos administradores de patrimônio que escreveram livros campeões de vendagem. A mesma lição se aplica em todos os casos: o tamanho da carteira deles é diferente, os objetivos deles são diferentes e a tolerância deles ao risco é diferente. Pode até ser que tenham algo a lhe ensinar, mas você precisa de uma estratégia feita especificamente para si.

Alguns de nós sabemos que não devemos seguir os conselhos de familiares – uma ideia quase sempre péssima. Mas que

VOCÊ E SEU DINHEIRO

tal Warren Buffett, o Oráculo de Omaha? Todos concordam que ele é um investidor brilhante e que sua abordagem é muito lógica. Mas a abordagem dele é adequada à personalidade e aos objetivos dele, bem como aos objetivos das pessoas que têm alguma participação na Berkshire Hathaway.

Trata-se de um cara que sempre adorou investir – é o seu pão de cada dia, que ele come com Cherry Coke (argh!). Estudou com Benjamin Graham, o pai da moderna análise de valores, e acabou inventando uma versão do princípio de *value investing* que consiste em encontrar, adquirir e administrar grandes empresas – o que implica, mesmo para um gênio, um regime de dedicação integral. Buffett consegue descontos em muitas aquisições porque outros grandes interessados querem ele, e não outra pessoa qualquer, como sócio.

Será que eu ou você conseguiríamos imitar algo disso aí?

Enquanto isso, o próprio Buffett está tentando montar uma firma que garanta valores, em longo prazo, a acionistas que têm seus próprios objetivos. Tudo isso é muito complicado, e às vezes até Buffett erra feio.

Talvez possamos aprender alguns princípios gerais com Buffett. Mas a maioria de nós, por mais que leiamos livros, jamais conseguirá investir como ele.

Preciso lhe falar a verdade, por mais que doa: você não é Warren Buffett. Não é nem sequer o próximo Warren Buffett. Mas, felizmente, não precisa ser.

Você pode ser você mesmo.

PLANEJAMENTO ~~FINANCEIRO~~ DA VIDA

VOCÊ E SEU DINHEIRO

PASSO muito tempo falando e escrevendo sobre as piores hipóteses: investidores que se comportam da maneira errada, pessoas que perdem tudo o que economizaram para a aposentadoria – e por aí vai.

Mas não devemos esquecer o porquê de darmos tanta importância à segurança financeira. Queremos ser felizes e proporcionar uma vida feliz aos nossos entes queridos.

Este desenhinho é um dos que eu mais gosto, embora não diga nada sobre dinheiro. Quando me levanto pela manhã, tento me lembrar do que realmente me faz feliz – ter grandes experiências ao lado das pessoas que amo. Quando uso esse objetivo como base para tomar minhas decisões, fica muito mais fácil prestar atenção nas coisas que realmente importam em matéria de investimento: coisas como trabalhar duro, economizar bastante e se comportar com prudência.

EXPERIÊNCIAS MEMORÁVEIS ∩ NOSSOS ENTES QUERIDOS

↑

UMA GRANDE FONTE DE FELICIDADE

PLANEJAMENTO ~~FINANCEIRO~~ DA VIDA

O que o dinheiro pode comprar

A felicidade depende mais das expectativas e desejos do que da renda. Uma amiga que acaba de voltar de uma viagem prolongada ao Nepal se impressionou com quanto as pessoas de lá são felizes apesar de terem poucas coisas. Ela esteve lá só por algumas semanas e constatou que a pobreza é um problema grave no Nepal; causa muito sofrimento. Mesmo assim, na opinião dela, algumas daquelas pessoas pareciam muito felizes.

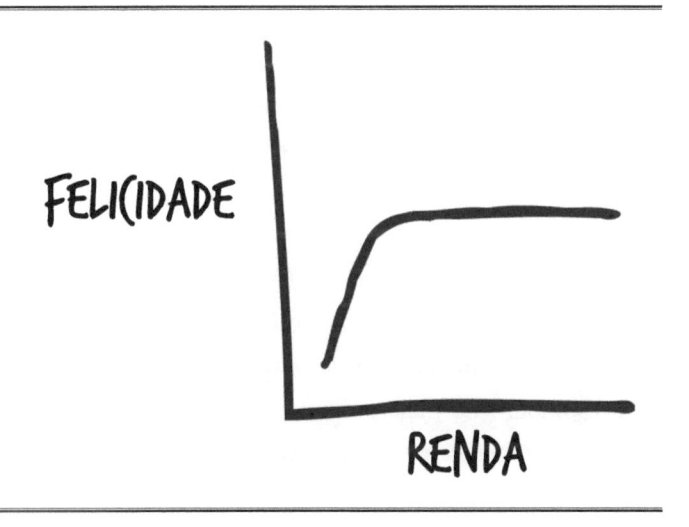

[Gráfico: eixo vertical "FELICIDADE", eixo horizontal "RENDA", curva que sobe rapidamente e depois se estabiliza]

Num estudo feito há pouco tempo por Daniel Kahneman, ganhador do Prêmio Nobel de Ciências Econômicas, e por Angus Deaton, professor em Princeton, constatou-se que os norte-americanos relatam um aumento de felicidade na proporção do aumento de renda até que esta alcance o valor de 75 mil dólares por ano. Depois disso, o impacto do aumento de renda sobre a felicidade se estabiliza.

VOCÊ E SEU DINHEIRO

Faz sentido. A maioria das pessoas tem muita dificuldade para ser feliz quando não tem dinheiro para garantir alimento, abrigo e assistência médica – e podemos acrescentar aqui alguns passatempos, certa vida social e, quem sabe, até algumas viagens. Depois que garantimos essas coisas, podemos nos dar ao luxo de voltar nossa atenção para as necessidades mais profundas (amor, crescimento pessoal) – aquelas coisas que o dinheiro não pode comprar.

E onde isso nos deixa? Ora, a maioria das pessoas precisa de pelo menos um pouco de dinheiro para poder ter a chance de ser feliz. Além disso, o dinheiro pode ser um instrumento que nos ajude a ir atrás das coisas que nos darão a felicidade – mas não nos diz quais são essas coisas.

Tudo isso significa que somos nós mesmos que temos de determinar o que nos fará felizes e, depois, tomar decisões financeiras que promovam esses objetivos. Se quisermos a companhia de pessoas que tenham os mesmos ideais que nós, podemos trabalhar para uma instituição sem fins lucrativos, renunciando à remuneração mais polpuda do setor privado. Será que essa decisão financeira é boa ou ruim? Essa pergunta não tem sentido: não se trata de uma decisão financeira.

Trata-se de uma decisão sobre a sua *vida*.

As decisões financeiras são, quase sempre, decisões sobre a vida. Antes de decidir quais são seus objetivos financeiros, você precisa definir seus objetivos de vida.

Quando ligamos as decisões financeiras às decisões sobre a vida, deparamos com desafios muito diferentes. Uma vez que os objetivos de cada pessoa são únicos, sua situação financeira também se torna única. Já não engloba abstrações, como

PLANEJAMENTO ~~FINANCEIRO~~ DA VIDA

uma aposentadoria confortável ou uma formação universitária – o que importa é como *você* vê sua aposentadoria e a formação do *seu* filho. Aquilo que lhe dá felicidade pode não dar felicidade ao seu vizinho – e um plano-padrão não vai funcionar nem para você nem para ele.

Todos nós sabemos disso de um jeito ou de outro, mas continuamos agindo como se a relação entre dinheiro e renda fosse simples – como se mais dinheiro sempre nos fizesse mais felizes. Até os ricos (ou especialmente eles?) agem assim.

Não sou tolo a ponto de acreditar que o dinheiro não tem nada que ver com a felicidade. É verdade que o dinheiro alivia o estresse, e a redução do estresse pode aumentar a felicidade. Nesse caso, existe uma correlação – mas, para mim, ela ainda parece bastante vaga.

Pergunto-me se o hábito de ligar a felicidade ao dinheiro não tem que ver com nossa contínua obsessão por medir, comparar e competir. Segundo me parece, a felicidade não tem uma unidade de medida. Não dispomos de um meio quantitativo-padrão para medi-la. Porém, quando ligamos a felicidade ao dinheiro, isso é algo que todos nós compreendemos. Isso me fornece um jeito de comparar meu nível de felicidade com o seu.

Infelizmente, quanto mais tentamos definir e medir a felicidade, quanto mais tentamos competir por ela, mais difícil é encontrá-la.

Não obstante, continuamos comparando nossa sorte na vida com a da pessoa ao lado. Medimos nossa felicidade comparando-nos aos vizinhos. E, por isso, acabamos menos felizes.

VOCÊ E SEU DINHEIRO

FELICIDADE

COMPETIR COM OS VIZINHOS

Tudo bem. Nesse caso, qual é a ligação entre felicidade e dinheiro, se é que essa ligação existe?

Em primeiro lugar, o dinheiro pode comprar a felicidade – até certo ponto. Todo o mundo precisa de um pouco de dinheiro para ser feliz, mas, uma vez cobertas as necessidades básicas, a ligação desaparece rapidamente.

Em segundo lugar, as experiências são mais importantes que os objetos. Você se lembra da emoção que sentia quando finalmente ganhava aquele brinquedo novo e brilhante? A certa altura, ele deixou de brilhar e ficou velho. Isso não se aplica àquela viagem maravilhosa que você fez com sua família. A viagem pode durar poucos dias, mas as memórias assim criadas lhe darão mais felicidade ao longo de toda a sua vida do que a geringonça que você comprou na semana passada.

PLANEJAMENTO ~~FINANCEIRO~~ DA VIDA

FELICIDADE

RELACIONAMENTOS & EXPERIÊNCIAS

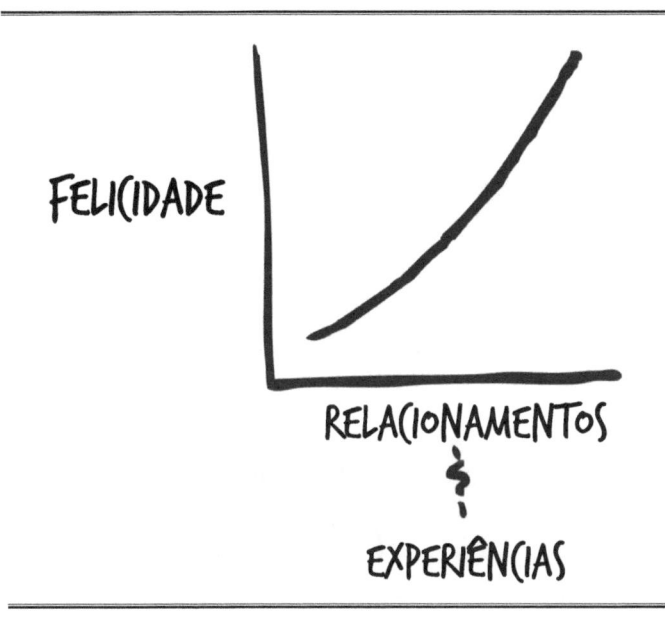

    Em terceiro lugar, a felicidade só virá nos procurar quando a deixarmos entrar. Talvez tenhamos o direito inalienável de buscá-la, mas não temos a garantia de conseguir capturá-la. Pode ser que estejamos tão envolvidos com a busca que acabemos perdendo o fio da meada.

    Quando perguntaram ao mestre zen Wu Li o que fazer para alcançar a iluminação, ele disse: "Rachar lenha, carregar água."

    Quando lhe perguntaram o que fazer depois de alcançar a iluminação, ele disse: "Rachar lenha, carregar água."

    Talvez a felicidade nos venha mais facilmente quando estamos tão ocupados com o trabalho, tomando conta das crianças, tirando a neve do caminho ou limpando a casa, que nos esquecemos de buscá-la.

VOCÊ E SEU DINHEIRO

FELICIDADE

TEMPO QUE PASSAMOS PROCURANDO POR ELA

Amor ou dinheiro?

Em vez de perder tempo procurando o melhor produto financeiro, devemos refletir sobre o que é realmente importante para nós e harmonizar o uso do capital com esses valores. Em vez de ler a última lista dos "Dez melhores investimentos depois da crise do crédito", passe algum tempo pensando no que realmente importa para você.

Você pode começar com a seguinte pergunta: o que o faz feliz?

David Brooks, escritor e colunista do *New York Times*, escreveu uma coluna interessante quando Sandra Bullock ganhou o Oscar de melhor atriz. Você talvez se lembre de que, naquela mesma época, o marido a estava traindo.

PLANEJAMENTO ~~FINANCEIRO~~ DA VIDA

Brooks perguntou a seus leitores: você aceitaria essa troca? O auge do sucesso profissional seguido pelo colapso de um relacionamento pessoal fundamental?

Você provavelmente não se surpreenderá ao saber que a felicidade conjugal é mais importante que o sucesso profissional como fator que permite prever a felicidade das pessoas.

Brooks observou que, do mesmo modo, o vínculo entre renda e felicidade é extremamente complexo — e não é tão forte quanto seria de esperar. Como vimos, para quem chega à classe média, esse "a mais" que se ganha já não importa muito.

Os relacionamentos pessoais, por outro lado, são absolutamente cruciais para a felicidade. Brooks observa que participar de um grupo que se reúne uma vez por mês produz tanta felicidade quanto duplicar a renda. (Uau!) Em média, o simples fato de uma pessoa estar casada lhe vale 100 mil dólares por ano em termos de ganhos emocionais.

A conclusão de Brooks: a sociedade moderna se concentra nas coisas erradas. O governo acompanha as tendências econômicas, mas pouco presta atenção ao modo como os programas e instituições sociais afetam a felicidade. As pessoas, igualmente, se preocupam demais com dinheiro e não se preocupam o suficiente com coisas como a diversão e... ora, o amor.

Qual a relação disso com seus planos financeiros? Se você estiver pensando em quanto dinheiro vai precisar para poder se aposentar, pensar quanto vai precisar para construir a casa dos seus sonhos não pode ser um obstáculo. Mas garanta que em seu orçamento haja dinheiro suficiente para visitar seus filhos, pagar a anuidade do clube de golfe e, talvez, procurar um conselheiro matrimonial quando as coisas ficarem mais difíceis.

VOCÊ E SEU DINHEIRO

O medo, a cobiça e a alternativa

Em 2009, cerca de seis meses depois de deflagrada a crise financeira que abalou os mercados no mundo inteiro, a apresentadora de rádio Krista Tippett, que também é escritora, organizou uma série de conversas em seu programa de rádio. Pediu a vários religiosos, cientistas, economistas e artistas que falassem sobre os valores humanos como consequência da crise.

A doutora Rachel Naomi Remen, pioneira do movimento da saúde holística da mente e do corpo, falou sobre a crise como uma oportunidade de investigação espiritual. Entendia a crise como algo que possibilitava fazermo-nos perguntas como as seguintes: o que me sustenta? Do que preciso para viver?

Vamos pensar na primeira: uma casa maior poderá nos sustentar? Que tal relacionamentos mais fortes? Boa saúde?

Todas essas coisas são, de certa forma, objetivos financeiros. É claro que uma casa maior custa mais que uma menor. Não é tão claro que, para permanecermos saudáveis, teremos de gastar mais dinheiro com *check-ups* regulares, mesmo que o plano de saúde não os cubra. Para termos relacionamentos mais fortes, talvez tenhamos de trabalhar menos horas por dia – ou mesmo optar por um salário menor – para podermos passar mais tempo com nossos filhos.

Remen e vários outros pensadores que participaram daquela série de programas observaram que nossas decisões financeiras frequentemente refletem as confusões ou inseguranças que nos caracterizam. Se você acha que está solitário – se está se sentindo sozinho –, sente-se inseguro. Sentin-

PLANEJAMENTO ~~FINANCEIRO~~ DA VIDA

do-se inseguro, procura meios para se reafirmar, para sentir que faz parte de uma comunidade. Isso talvez o leve a comprar o mesmo tipo de carro e de roupas que seus vizinhos compram ou a fazer as mesmas viagens caras que eles fazem. No fim, porém, não se sentirá menos só. E, nesse meio-tempo, terá sacrificado sua verdadeira segurança financeira na tentativa semiconsciente de alcançar a segurança emocional.

Dizemos que o medo e a cobiça nos motivam, mas pode-se afirmar também que os dois são a mesma coisa. A cobiça nasce do medo – e ambos nos levam a adotar comportamentos em razão dos quais gastamos dinheiro de um jeito que não reflete, nem de longe, o nosso verdadeiro ser e as nossas verdadeiras necessidades.

Moral da história: faça tudo o que puder para adquirir o autoconhecimento. Descubra quem você é e o que quer. Depois disso, poderá parar de desperdiçar sua energia vital e seu dinheiro em coisas que não lhe importam – e começará a tomar decisões financeiras que o ponham no rumo dos seus verdadeiros objetivos.

Planejamento da vida *vs.* planejamento financeiro

Nos últimos anos, o discurso público da nossa sociedade – na mídia, nos bares – começou a englobar discussões sobre dinheiro que procuram se aprofundar em certas questões. Em quem podemos confiar? Por que precisamos de dinheiro? Há dez anos, a maioria das pessoas diria que esse tipo de conversa é uma maluquice da Nova Era. Agora, ela já não parece tão maluca.

George Kinder aborda a noção de planejamento financeiro de maneira muito ampla. Prefere falar não de planejamento

VOCÊ E SEU DINHEIRO

financeiro, mas de planejamento da vida. O planejamento da vida, escreve, tem o objetivo de "descobrir quais são os objetivos mais profundos do cliente".

Kinder faz três perguntas aos seus clientes. Elas se resumem no seguinte:

Primeiro, imagine que você já está seguro financeiramente. Como você levaria a vida? O que mudaria?

Depois, imagine que um médico lhe dê um prazo de vida de cinco ou dez anos — mas você não sentirá os efeitos da doença. O que fará no tempo que lhe resta?

Por fim, desta vez o médico lhe dá 24 horas. O que você sente? O que acha que poderia ter feito e não fez?

Trabalhando as respostas a essas perguntas, você talvez aprenda algo sobre as coisas que realmente lhe importam. A maioria das pessoas, em suas respostas, fala sobre a família e os amigos — os relacionamentos. Muitas citam a autenticidade, a espiritualidade, a criatividade (muita gente quer escrever um romance ou fazer música), devolver à comunidade algo do que ela lhes deu e entrar em comunhão com a natureza.

Sejam quais forem as suas respostas, leve-as em conta quando for tomar suas decisões financeiras. É muito provável que você venha a fazer escolhas que reflitam melhor os seus valores.

O processo de autoexame pode ser doloroso. Execute-o com paciência. Lembre-se a todo momento de que o negócio não é o dinheiro.

É a sua vida.

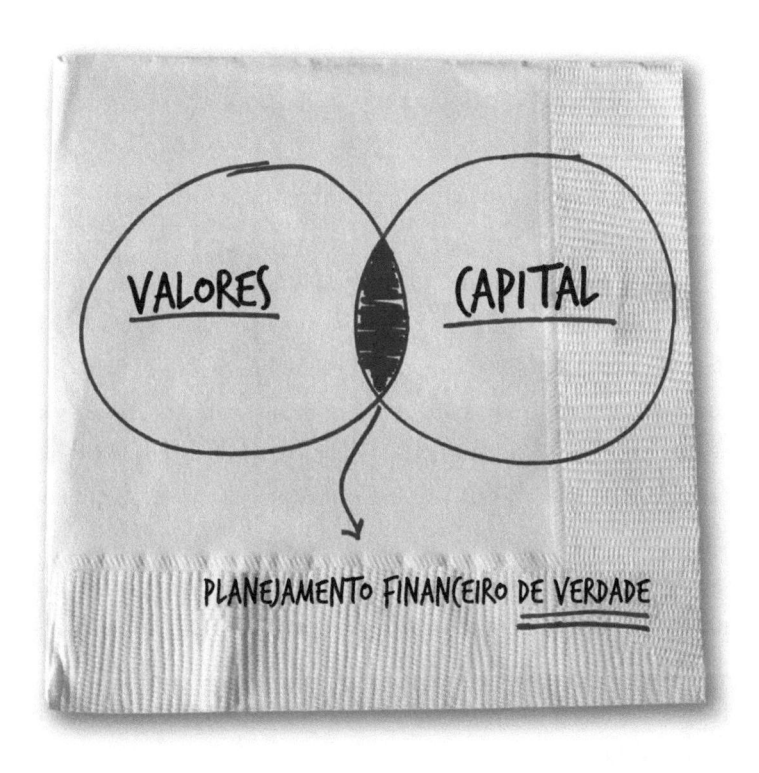

VALORES ∩ CAPITAL → PLANEJAMENTO FINANCEIRO DE VERDADE

VOCÊ E SEU DINHEIRO

Urgência *vs.* importância

Estou escrevendo estas palavras no começo da primavera. Embora a neve ainda cubra o solo aqui em Park City, de repente me dou conta de que já se passou quase um trimestre do ano.

Como muitos outros, tomei várias resoluções em janeiro. Havia diversas coisas importantes que eu queria realizar. E durante algumas semanas me portei muito bem.

Mas já estamos em março. Parte de mim está em pânico. Ainda há tanto a fazer! Outra parte de mim, porém, pensa no outro lado da equação: ainda tenho três trimestres do ano. Por que me preocupar?

Bob Goldman, consultor financeiro, diz que trabalha muito em janeiro e em fevereiro, quando as pessoas o procuram depois de fazer, no Ano-Novo, as resoluções de atualizar a carteira de investimentos ou criar planos para a transferência do patrimônio após a morte. Ou seja, pelo menos as pessoas tentam. Mas, depois disso, às vezes elas passam anos sem procurar Goldman de novo.

Levar a cabo as grandes decisões é algo que costuma ir para o último lugar da lista de prioridades quando nos confrontamos com as exigências cotidianas da vida. Todos nós temos várias coisas que queremos fazer, precisamos fazer e devemos fazer.

Como lidar com essas exigências conflitantes? Vale a pena – e muito – distinguirmos entre as tarefas *urgentes* (que precisam ser cumpridas imediatamente) e as realmente *importantes* (fundamentais para nossos objetivos).

Algumas tarefas são *ao mesmo tempo* urgentes e importantes. São as que devem estar no topo da lista. Algumas são ur-

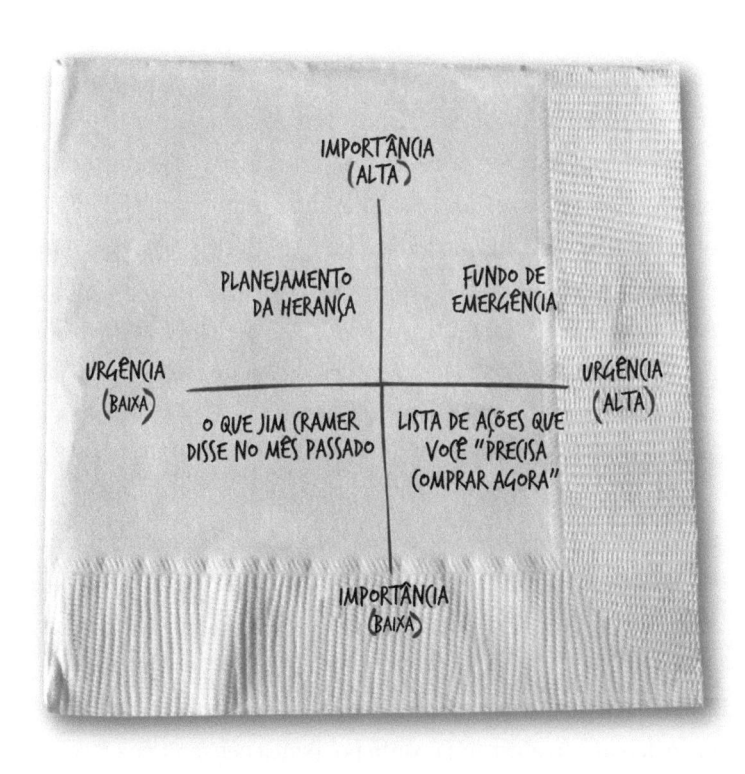

                    IMPORTÂNCIA
                     (ALTA)
                       |
        PLANEJAMENTO | FUNDO DE
         DA HERANÇA | EMERGÊNCIA
                       |
 URGÊNCIA | URGÊNCIA
 (BAIXA) —————————————+————————————— (ALTA)
                       |
        O QUE JIM CRAMER | LISTA DE AÇÕES QUE
        DISSE NO MÊS PASSADO | VOCÊ "PRECISA
                       | COMPRAR AGORA"
                       |
                    IMPORTÂNCIA
                     (BAIXA)

gentes mas não tão importantes; outras ainda são importantes, mas não urgentes. Em regra, as que são cumpridas são as urgentes mas pouco importantes: atender o telefone, ler o que seu colega da escola postou no Facebook.

Enquanto isso, as tarefas importantes, mas não urgentes, caem para o fim da lista e ali permanecem. Grandes problemas decorrem disso. Os sonhos são importantíssimos, mas nem sempre parecem urgentes. E, por isso, caem para o fim da lista.

Você talvez precise consertar seu carro – isso provavelmente é urgente e talvez seja muito importante. Comprar uma nova prancha de surfe? Talvez pareça urgente, mas não é tão importante quanto certas coisas não urgentes que afetam a segurança da sua família no longo prazo. (Meus amigos surfistas vão discordar.) Deixar claro quem terá a guarda dos seus filhos se você morrer? Não parece tão urgente, mas pode ser importantíssimo.

No dia a dia, é mais fácil focar nos assuntos urgentes, deixando pendentes os não urgentes mas importantes. O que você faria primeiro: levar o carro para lavar ou atualizar seu testamento? O carro está imundo! O testamento? Para que a pressa?

Mais ainda: atualizar o testamento – como adquirir um seguro de vida ou abrir uma conta poupança pensando na faculdade dos filhos – é um processo complicado. Lavar o carro é fácil.

Também gostamos da sensação de eliminar as coisas urgentes (nem sempre importantes) da nossa lista. Algumas tarefas urgentes (comprar aquela prancha de surfe!) são até divertidas. Por outro lado, a tarefa de sentar e estudar os detalhes da nossa vida pessoal e financeira não dá a mesma sensação de empolgação e satisfação instantânea (embora às vezes dê).

PLANEJAMENTO ~~FINANCEIRO~~ DA VIDA

É claro que, no fim, as coisas importantes se tornam realmente urgentes. Mas, a essa altura, talvez já seja tarde demais para fazer algo a respeito. Pense em quantos amigos e colegas seus estão tendo de lidar com inventários complicados porque seus familiares sacrificaram as coisas importantes às urgentes. Há também aqueles pais que não imaginaram que 18 anos passassem tão depressa; agora não sabem se vão conseguir pagar a faculdade dos filhos.

Um amigo, advogado especializado em sucessões, observou que muita gente o procura, em pânico, pouco antes de sair para viajar sem os filhos. Preocupados com a possibilidade de que aconteça o pior, esses casais querem fazer seus testamentos para o caso de o avião cair ou o navio afundar. Uma vez que a elaboração de um testamento é demorada, em geral é impossível terminá-la antes de eles partirem. Depois, esses pais não tornam a procurar meu amigo... até uns poucos dias antes da próxima viagem.

Entendeu a lógica?

A cada mês, reserve algum tempo para resolver essas questões importantes mas aparentemente pouco urgentes. Você ficará tentado a deixá-las de lado até o mês que vem. Não faça isso.

Depois de cada crise financeira, nós nos perguntamos: como não percebemos que isso ia acontecer? Na verdade, é dificílimo prever uma crise financeira de grande escala, e é ainda mais difícil evitá-la.

Uma crise financeira pessoal, por outro lado, será quase inevitável a menos que você cuide das tarefas realmente importantes *antes* que elas se tornem urgentes.

EXCESSO DE INFORMAÇÃO

VOCÊ E SEU DINHEIRO

O MERCADO é uma coisa delicada. No fim do ano passado, um amigo meu estava tomando um drinque ao ar livre numa praia da América Central – num bar chamado "Sol y Mar". Estava conversando com um sujeito chamado Gritty, veterano do exército americano e eletricista.

A televisão do bar estava ligada. Um apresentador estava dizendo que o preço do petróleo subira por causa do caos na Líbia. Gritty disse a meu amigo (que acompanha o mercado financeiro há trinta anos) que aquilo era tolice.

A Líbia? Diacho, eles quase não nos fornecem petróleo. Tem alguma outra coisa acontecendo...

Meu amigo pensou no assunto e concluiu que Gritty tinha razão. Eu também concordo.

Joshua Brown escreveu o seguinte num blogue chamado *Money Watch Africa*:

"Embora a Líbia exporte mais petróleo bruto do que importa, ela é apenas a décima sétima maior produtora de petróleo no mundo e não o exporta diretamente para os Estados Unidos. Assim, a preocupação dos investidores de que a Líbia deixe de contribuir para a produção de petróleo parece exagerada. ... A Organização dos Países Exportadores de Petróleo [Opep] e outros Estados que produzem petróleo poderiam facilmente absorver o déficit aumentando a sua própria produção. ..."

Tudo bem. Mas pode ser que os investidores estivessem preocupados com a possibilidade de os protestos alcançarem outros países produtores de petróleo, como a Arábia Saudita. Ou pode ser que tenham simplesmente entrado em pânico, ou tenham vendido porque pensaram que os *outros* também iam vender.

EXCESSO DE INFORMAÇÃO

O que eu quero dizer é o seguinte: quem sabe a verdade? Eu não sei. Nem mesmo Gritty sabe (embora ele tenha suas teorias).

Pensando nisso, concluo que às vezes uma informação isolada pode gerar toda uma história baseada no medo ou na cobiça – a qual pode, por sua vez, nos meter rapidamente numa tremenda encrenca financeira.

Às vezes nos desviamos do nosso plano por causa de uma informação que talvez não signifique o que parece significar. Certas pessoas criaram o hábito de assistir aos noticiários em busca de pistas sobre o que fazer.

Minha nossa. Essa sim é uma *péssima* ideia.

Lembre-se: você só tem controle sobre certas coisas. Preste atenção no que está acontecendo, mas não superestime a importância dessas informações para você e para os seus planos.

Desse ponto de vista, será que o aumento do preço do petróleo é um sinal para que você reformule toda a sua carteira de investimentos – mesmo supondo que o preço vá permanecer nas alturas?

Não.

O sorrisinho do leitor da *Economist*

Não sei por quê, mas o ato de ler a revista *The Economist* faz que certas pessoas se sintam mais inteligentes do que todo o resto do mundo. Eu mesmo assinei a revista por certo tempo, e sempre achei que o simples fato de ter o último número comigo no escritório, talvez sobre a escrivaninha, me deixava mais inteligente.

Era como se eu soubesse algo que todos os outros ignoravam.

VOCÊ E SEU DINHEIRO

Há pouco tempo, descobri que existe um sorrisinho típico dos leitores da *Economist*. Esse sorriso dá a entender que eles sabem um segredo, fazem parte de uma elite que reflete profundamente sobre a situação e dispõe de todas as informações necessárias para navegar pelo mundo com mais habilidade que as outras pessoas.

Conversei sobre essa minha Teoria do Sorrisinho com uma boa amiga que por acaso é leitora fiel da *Economist*. Ela achou bobagem. Afinal, ela não sorri enquanto lê a *Economist*; sorri apenas quando vê alguém lendo a *Time* ou a *Newsweek* em vez da *Economist*.

REBANHO DE OVELHAS — LEITORES DA ECONOMIST

PULARIAM DO PRECIPÍCIO SE OS OUTROS PULASSEM

Ora, a simples ideia de que algo lido numa revista (visto na televisão, ouvido no rádio, encontrado na internet) é segredo é... tola. A *Economist* tem uma tiragem de mais de 1 milhão de exemplares por semana. Um monte de gente se acha inteligente da mesma maneira e ao mesmo tempo.

Mesmo assim, muitas vezes somos tentados a seguir algum conselho sobre investimentos que encontramos na mídia – como se tivéssemos acabado de conhecer um importante segredo, como se fôssemos os únicos a ter assistido à televisão naquele dia. *É melhor agir com rapidez antes que todo o mundo fique sabendo!*

Infelizmente, todo o mundo já está sabendo.

O que todos estão fazendo

Acho que gostamos de pensar que sabemos o que os outros não sabem porque, num cantinho qualquer da nossa mente, compreendemos que, em matéria de investimentos, seguir a multidão pode custar caro. Afinal de contas, as coisas ficam mais caras (e, portanto, mais arriscadas de adquirir) quando todos as estão comprando e ficam mais baratas (e, portanto, mais atraentes) quando todos as estão vendendo.

Nós sabemos disso, mas nos sentimos mais seguros na companhia da multidão. Quando fazemos o que todos estão fazendo, nós nos consolamos com a ideia de que, mesmo que estejamos errados, muitas outras pessoas estarão também.

Esse tipo de comportamento – seguir a multidão – pode ter consequências desastrosas. Foi ele que levou os investidores a acumular ações de empresas de tecnologia no final da década de 1990, a comprar títulos em 2002 e a investir em imóveis em 2006. Nós continuamos fazendo isso, e a falha comportamental cresce cada vez mais.

VOCÊ E SEU DINHEIRO

A revista não é sua consultora financeira

Adoro aquelas capas de revista que falam sobre os mercados e a economia.

Uma das investidas da *Newsweek* no território perigoso das previsões econômicas se deu no primeiro semestre de 2010, quando a revista declarou com audácia que "Os Estados Unidos estão de volta". O artigo enumerava uma série de indícios positivos (porém momentâneos) de que a economia estava se recuperando: criação de empregos, produtividade e a subida de 70 por cento do índice Dow Jones.

No fim, essa previsão peremptória não se verificou. A economia tropeçou de novo e continuou cambaleando no segundo semestre de 2011. A questão mais importante, porém, é a seguinte: não devemos tomar decisões sobre os nossos investimentos baseadas no que lemos nas manchetes.

Vamos pensar um pouquinho. Se você vendeu suas ações quando as coisas iam mal (Lembra? Quando quase todas as capas de revista estavam decretando o fim do mundo?), perdeu os imensos ganhos posteriores do mercado. Será que, quando uma revista declara que "Os Estados Unidos estão de volta", você deve redirecionar seu dinheiro para um mercado muito mais inflacionado?

Se por acaso acontecer de você vender todas as suas ações e depois considerar a hipótese de entrar novamente na bolsa porque a situação parece mais calma, tome cuidado. O fato de você (como muito outros) ter vendido tudo quando as coisas iam mal é uma informação valiosa. Por mais que a situação pareça ótima agora, virá o dia em que o mercado sofrerá nova correção.

REBANHO DE OVELHAS

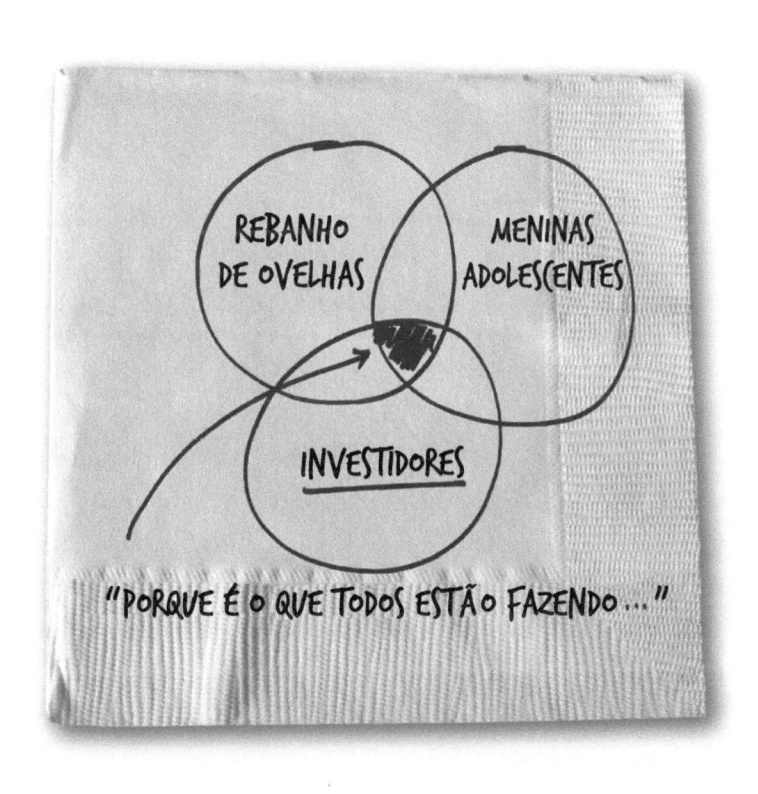

MENINAS ADOLESCENTES

INVESTIDORES

"PORQUE É O QUE TODOS ESTÃO FAZENDO..."

VOCÊ E SEU DINHEIRO

Eixo Y: REPORTAGENS DE CAPA SOBRE AS TENDÊNCIAS DO MERCADO

Eixo X: PROBABILIDADE DE VOCÊ COMETER UM ERRO

O que você fará, então?

Pode ser que o fato de você ter vendido suas ações na última vez em que as coisas ficaram feias queira lhe dizer alguma coisa. Pode ser que você esteja precisando de um plano ao qual possa se manter fiel – um plano de investimentos menos arriscado.

Se, por outro lado, você não vendeu – se decide seus investimentos baseado em seus objetivos financeiros –, o que lhe importa a manchete na capa da revista?

Não sei quais são os bons e os maus momentos para investir. Sei apenas que sempre é tempo de sair do ciclo de vender na baixa e comprar na alta. O que importa o que diz a *Newsweek*? Concentre-se nos seus objetivos. Elabore um plano que lhe dê a melhor possibilidade de alcançá-los, e, depois, se ocupe de viver no agora.

Você será mais feliz. (E mais rico.)

EXCESSO DE INFORMAÇÃO

Ignore (quase) tudo

Quando as pessoas ficam sabendo que tenho uma firma de consultoria em gestão patrimonial e que escrevo sobre finanças pessoais, imediatamente começam a me fazer perguntas – geralmente sobre a bolsa de valores.

Um diálogo típico:
Conhecido: *Mas, no fim, o que aconteceu com o mercado hoje?*
Eu: *Poxa, não sei. Desculpe-me.*
Conhecido: *silêncio perplexo*
Eu: *Juro que eu lhe diria se soubesse. Mas não sei.*
Conhecido: *mais silêncio perplexo*
Um outro exemplo:
Conhecido: *Para onde você acha que a bolsa está caminhando?*
Eu: *Poxa, não tenho ideia. Desculpe-me. Não ligo muito para isso.*
Conhecido: *Ah, desculpe. Achei que você tivesse uma firma de consultoria em gestão patrimonial e escrevesse sobre finanças pessoais... No que mesmo você trabalha?*

Já é complicado o fato de eu não saber para onde a bolsa está caminhando. A situação fica ainda mais confusa quando as pessoas se dão conta de que *eu nem quero saber*.

Certa vez, um familiar frustrado me perguntou sobre as perspectivas da bolsa. Dei-lhe minha resposta habitual.

Ele disse: "Se você não acompanha a bolsa, o que é que você faz?"

Respondi que ajudo as pessoas a tomar decisões inteligentes sobre o seu dinheiro, para que consigam construir e proteger seu patrimônio no decorrer do tempo. Disse ainda que, para fazer isso, eu não precisava sequer me preocupar em saber como está a bolsa hoje e como ela estará no futuro.

VOCÊ E SEU DINHEIRO

Acrescentei que, acredite ou não, a capacidade de construir e proteger um patrimônio é, muitas vezes, inversamente proporcional ao conhecimento do que está acontecendo na bolsa. E é sempre inversamente proporcional ao hábito de agir segundo esse conhecimento.

Disse-lhe o que digo aos meus clientes: tentar prever os movimentos do mercado é uma péssima ideia. Acompanhar seus altos e baixos, assistir aos programas sobre a bolsa na CNBC e estudar os prognósticos financeiros consome muito tempo. Pior, deixa as pessoas ansiosas – e os ansiosos sempre dão bola fora.

Pense: já tentou fazer *qualquer coisa* estando ansioso? A calma é sempre melhor.

O que acontece com os golfistas ansiosos? Jack Nicklaus diz que pouquíssima gente é capaz de segurar o taco com a delicadeza necessária. Um amigo que tentou me ensinar a jogar golfe me disse que eu devia imaginar que estava segurando um filhote de passarinho. Quando ficamos ansiosos, agarramos o taco com mais força – e de repente estamos mandando a bola para todos os lados, menos para onde ela devia ir.

Já ficou ansioso remando num caiaque? A primeira vez que entrei num barco desses – no Snake River, pertinho de Jackson Hole –, percebi quanto é importante relaxar os quadris. Com o quadril relaxado, eu acompanhava o movimento do barco. Ansioso, eu enrijecia – e, quando enrijecia, o barco perdia estabilidade.

O que acontece com os investidores ansiosos? Quando começamos a prestar demasiada atenção nos movimentos do mercado, qualquer onda pode fazer virar o barco. Os ansiosos

EXCESSO DE INFORMAÇÃO

RIQUEZA NO LONGO PRAZO

ACOMPANHAR O MERCADO

tendem a comprar na alta (se preocupam com a possibilidade de perder ganhos polpudos) e a vender na baixa (se preocupam com a possibilidade de as perdas se acumularem).

Os ansiosos buscam conforto no que já conhecem. Eles se entopem, por exemplo, de ações da empresa para a qual trabalham – o que, na verdade, pode ser extremamente arriscado. Ou então compram uma ação somente porque ouviram falar dela ou conhecem o produto que a empresa fabrica.

As pessoas ansiosas ficam presas no passado. Digamos que você tenha perdido dinheiro com determinada ação. Sabe que vai se sentir melhor se conseguir pelo menos recuperar o que perdeu – mas o valor da ação continua caindo. E agora? Mais ansiedade. E mais decisões errôneas.

VOCÊ E SEU DINHEIRO

Acompanhar os altos e baixos do mercado nos deixa ansiosos.

Tentar prever o futuro nos deixa ansiosos.

E a ansiedade pode nos deixar pobres.

Excesso de informação!

Admito que, se reunirmos as informações de que precisamos para tomar decisões racionais, será mais fácil contornar a ansiedade. Mas o excesso de informação pode nos deixar mais ansiosos.

Ultimamente, muito se tem falado sobre o impacto da tecnologia em nossa vida – especialmente sobre quanto ela nos possibilita ter acesso a qualquer dado a qualquer momento. Podemos checar o desempenho da nossa carteira de ações no meio da noite, numa viagem de férias, durante o casamento da nossa filha... e é isso mesmo que fazemos!

Por quê? O que todos esses dados têm de tão fascinantes? Em que eles nos ajudam? Em que nos prejudicam? Na minha opinião, todas essas perguntas são importantes.

Pouco tempo atrás, o famoso blogue *BoingBoing* publicou uma entrevista com Jonathan Blow, *designer* autônomo de *videogames*. Quando lhe fizeram uma pergunta sobre um jogo muito popular (chamado FarmVille), Blow explicou que o jogo não tinha sido projetado para que os jogadores se sentissem bem.

O jogo tem um aspecto bonitinho e projeta uma imagem de "positividade". Mas o verdadeiro objetivo do *designer* é fazer que as pessoas continuem pensando no jogo quando estão longe do computador. Desse modo, elas se afastam da vida real e sempre voltam ao jogo.

EXCESSO DE INFORMAÇÃO

Será que o hábito de pensar em dinheiro não faz que você se sinta do mesmo modo? Assistir todos os dias à CNBC ou verificar regularmente os comunicados da Bloomberg não o fará se sentir melhor a respeito de suas decisões financeiras no longo prazo. Mas nem por isso você deixa de se preocupar e de consultar essas mídias.

Meu telefone me traz os *feeds* de todos meus *sites* favoritos de notícias, centenas de *podcasts*, todos os informativos que recebo por *e-mail* e vários livros. Agora, quase sempre que me sobra um tempo para não fazer nada, preencho esse vazio com dados. Sou como um chocólatra numa loja de doces. É fácil pegar mais algumas barras.

Está ficando cada vez mais difícil separar a informação do ruído. A maioria das pessoas gosta de saber o que está acontecendo pelo mundo. Sentimo-nos no dever de ser cidadãos bem informados, de acompanhar as bolsas pelo mundo afora, de estar por dentro da política e de nos mantermos atualizados com tudo o que acontece no vasto universo do esporte. Se não fizermos isso, corremos o risco de perder alguma coisa ou de ficar fora de alguma conversa.

Infelizmente, a imensa quantidade de dados torna quase impossível filtrar o ruído (quase tudo) e encontrar o que realmente importa. Pior: estamos perdendo a capacidade de distinguir a informação do ruído. O que realmente importa? O que não passa de ruído?

Liberte a sua mente

Pesquisas recentes constataram que nossos pensamentos são capazes de modificar a própria estrutura do cérebro, de modo que certos padrões de pensamento se tornam habituais. Quanto mais nos preocupamos com o mercado, mais tendemos a nos preocupar – e mais importante isso nos parece.

Isso significa que o ato de verificar o desempenho dos nossos investimentos ou dos mercados financeiros pode se tornar uma espécie de compulsão. Quanto mais a satisfazemos, mais forte ela se torna. A certa altura, ficamos viciados em informações que, esperamos, farão que nos sintamos melhor. O problema é que muitas vezes elas nos fazem nos sentir pior – e, cedo ou tarde, nos levam a agir baseados em nossos medos.

O dinheiro não é a única coisa que está em jogo nisso tudo. Um artigo do *Wall Street Journal* falava sobre o impacto da tecnologia nos relacionamentos familiares. Uma frase dele me impressionou especialmente: "A tecnologia, ao lado do dinheiro, do sexo e de divergências sobre a criação dos filhos, é uma das principais razões pelas quais os casais se divorciam."

A solução: mudar de hábito. Precisamos passar menos tempo consultando a mídia e nos preocupando com o dinheiro – menos tempo cedendo à ansiedade, à necessidade de ter tudo sob controle. Se assim fizermos, logo perceberemos que não é importante saber o que aconteceu em Wall Street nesta semana. O que importa é o que fazemos, ou deixamos de fazer, a fim de atingir nossos objetivos.

Enquanto isso, se libertarmos nossa mente das coisas inúteis, voltaremos a prestar atenção em nossos verdadeiros objetivos e no que podemos fazer para realizá-los. Teremos mais tempo para dedicar à família e aos trabalhos que realmente importam. E nos sentiremos mais satisfeitos como pessoas. Quando consumo menos informação, meu bem-estar aumenta. Quanto menos sei, melhor me sinto.

EXCESSO DE INFORMAÇÃO

Experimente. Na próxima vez em que assistir ao noticiário, pense muito bem em como você quer agir, em vez de simplesmente reagir. Melhor ainda: pense muito bem se você precisa mesmo assistir ao noticiário hoje.

Você vai perceber que não é difícil se atualizar depois de ficar fora do ar por um ou dois dias. Quando o índice Dow Jones alcançou a casa dos 12 mil pontos no comecinho de 2011 (pouco antes de cair de novo), a mídia fervilhava de discussões sobre o que esse patamar significava para os investidores. Mas quem se importa? É só um número. Se tivéssemos perdido essa informação, nada aconteceria.

O que estou dizendo é que você deve desligar tudo e ir *fazer* alguma coisa.

Uma ideia: tente fazer um jejum de mídia. Faça questão de não ler, ver, ouvir nem pensar em informações relacionadas à economia, ao mercado financeiro e a seus investimentos. Quando surgirem pensamentos sobre o mercado, esqueça-os. Vá andar de bicicleta.

Ou viaje para algum lugar onde você não tenha acesso à internet e ao serviço telefônico. Não se surpreenda se você tiver um ataque de síndrome de abstinência; poderá inclusive sofrer de sintomas físicos. Certa vez, passei duas semanas numa ilha no litoral da Carolina do Sul durante um período tenso na bolsa de valores. Depois de um ou dois dias sem acesso ao noticiário, fiquei com uma estranha alergia na pele. Dois médicos que estavam viajando comigo disseram que aquilo provavelmente era um sintoma de desintoxicação da mídia. Ainda não sei se estavam brincando ou falando sério.

Vinte e quatro horas de jejum já fazem diferença, mas tente tirar alguns dias de folga. Depois de três dias sem acesso ao celular, percebo que a necessidade de usar o telefone começa a diminuir. O tempo e o espaço parecem se dilatar e sinto um alívio na ansiedade.

Esse "desligamento" pode até se tornar um hábito.

Sei que essa ideia nos assusta. E, só para constar, não digo que você deva esconder a cabeça na areia. Acho apenas que a sua ansiedade financeira deve ser contrabalançada por certo distanciamento. Assista ao noticiário ou cheque o boletim diário da bolsa se for preciso, mas não faça desse momento o ponto mais importante do seu dia.

Se você precisar pensar em dinheiro, foque em seus objetivos – as coisas que realmente lhe importam. A todo momento tem alguma maluquice acontecendo do outro lado do mundo, mas o que você tem que ver com isso? Não há nada que você possa fazer a respeito. Tanto você quanto o resto do mundo estarão em melhor situação se você der prioridade às coisas que efetivamente pode fazer.

Digamos, por exemplo, que você queira que seus filhos façam faculdade. Excelente ideia. Acompanhar o desempenho do Dow esta semana não vai ajudá-lo a alcançar esse objetivo. Bem melhor é se sentar com seus filhos e ver como eles estão indo na escola.

A mesma ideia se aplica a qualquer um dos seus objetivos financeiros. É claro que às vezes você vai se sentir ansioso. A vida acontece e nos perguntamos se temos feito o que devemos fazer. Quando a bolsa cai, temos de nos esforçar para economizar mais.

Mas não deixe que seus receios o dominem.

Repito: quase nada do que passa na CNBC importa. Prometo-lhe que nada de mal lhe acontecerá se você não acompanhar os infinitos comentários sobre o último anúncio do FED.

EXCESSO DE INFORMAÇÃO

Se o sucesso nos investimentos realmente depende de um comportamento correto no longo prazo e da escolha de investimentos compatíveis com o seu plano, os acontecimentos cotidianos do mercado não devem afetar em absoluto as decisões que você toma.

Experimente. Veja o que acontece quando você elimina o ruído e presta atenção no que está se passando agora, bem à sua frente.

A consciência vence a ansiedade

Reunir informações – saber o que os outros não sabem – não é a mesma coisa que prestar atenção, ter consciência, estar ciente do que realmente acontece por trás das notícias, das discussões e das coisas que não importam.

Muitas vezes, quando pensamos em dinheiro, focamos seja nos erros cometidos no passado, seja nas nossas preocupações sobre o futuro. Esses dois tipos de pensamento nos impedem de nos concentrarmos no presente.

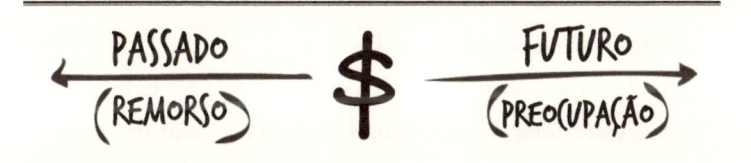

⟵ PASSADO (REMORSO) — $ — FUTURO (PREOCUPAÇÃO) ⟶

Muita gente tem o costume de se penitenciar quando comete um erro financeiro. Mas a maioria de nós deveria passar menos tempo se preocupando com aquilo que poderíamos ou deveríamos ter feito de um jeito diferente.

Podemos, ao contrário, usar nossas experiências para evitar que nós mesmos ou outras pessoas cometamos os mesmos erros. Mas não devemos dar margem a sentimentos de culpa ou vergonha. Devemos encarar nossos erros, aprender a lição e seguir em frente.

O excesso de preocupação com o futuro também pode nos impedir de aproveitar o presente. Essa questão é complicada para mim, porque meu trabalho muitas vezes consiste em encorajar as pessoas a ter conversas mais significativas sobre o papel do dinheiro em sua vida – e essas conversas normalmente giram em torno de planos para o futuro.

Uma solução é separar estritamente o tempo que passamos planejando o futuro do tempo que passamos vivendo o presente. Planejar o futuro é importante, mas essa deve ser uma atividade comedida para não ofuscar as alegrias do momento presente.

Que tal reservar um tempo a cada mês para avaliar como você tem se comportado nas questões financeiras? Tente identificar os erros que você cometeu e aprenda as lições que precisa aprender. Pense nos seus objetivos e no que você deve fazer agora para se aproximar deles.

Feito isso, vá viver sua vida.

As decisões sobre o dinheiro envolvem o lado emocional – e é preciso ter clareza emocional para tomar boas decisões financeiras. Por isso tente prestar atenção nas emoções associadas ao dinheiro. Faça isso até nas coisas mais simples. Repare em como você se sente quando vê o extrato mensal dos investimentos ou recebe pelo correio a cobrança de um atendimento médico. Pode ser que você não perceba de imediato o porquê, mas é importante tomar ciência desses sentimentos e de como eles podem impactar suas decisões.

EXCESSO DE INFORMAÇÃO

Nos últimos anos, eu me peguei fazendo algumas perguntas realmente importantes. Em quem posso confiar? O que é verdadeiramente importante para mim? A que dou valor? Quanto dinheiro é suficiente? Em que devo investir meu tempo? Vi amigos íntimos perderem suas empresas, suas casas e até suas amizades por causa de dinheiro. Vi amigos terem de correr para arranjar emprego numa época em que pretendiam estar se aposentando. Outros amigos tiveram de internar os pais em casas de repouso abaixo do padrão que esperavam, mas que eram tudo o que podiam pagar. Vi a decepção de meus próprios filhos quando lhes disse que não tínhamos condições de comprar algo que eles realmente queriam.

Quando passamos por experiências como essas, podemos ficar com dó de nós mesmos e com raiva.

Mas também podemos, ao contrário, tentar compreender os erros do passado, exercitar a autoconsciência e agir com base em nossos instintos mais profundos.

Qual dos dois modos de agir nos aproxima mais de alcançarmos nossos objetivos mais importantes?

OS PLANOS NÃO VALEM NADA

VOCÊ E SEU DINHEIRO

VINDA de alguém que ganha a vida fazendo planejamento financeiro, a ideia de que os planos não valem nada deve parecer engraçada.

Mas é muito gostoso dizer isso em público. Por isso repito: *os planos não valem nada.*

Há várias razões pelas quais hesitamos em passar algum tempo planejando o nosso futuro financeiro. É demorado; provoca ansiedade; não sabemos como fazê-lo.

Mas acho que a razão mais importante é mais sutil. Na minha opinião, fazemos confusão entre o processo do planejamento financeiro e seu suposto produto final: um plano financeiro.

Os planos financeiros não valem nada, mas o *processo de planejamento* financeiro é essencial. O pressuposto de todo plano é que nós sabemos o que vai acontecer – e isso não é verdade. O *planejamento*, por outro lado, em seu sentido mais profundo, é um processo baseado na realidade que dá margem à imprevisibilidade da vida. Ele nos obriga a tomar decisões baseadas no que está acontecendo de fato, não no que queremos, esperamos ou temermos que *vá* acontecer.

Todo plano financeiro tradicional parte de uma série de suposições. Essas suposições se referem, em regra, a fatores como os índices futuros de inflação, o comportamento futuro da bolsa, quanto vamos economizar, quando vamos nos aposentar, quanto vamos gastar na aposentadoria e até quando vamos morrer.

Se você já passou por esse processo, sabe que ele é desagradável. Uma das razões desse desconforto é que nós sabemos que, por mais que tentemos fazer suposições precisas acerca dos acontecimentos futuros, essas suposições sempre estarão erradas.

UMA SÉRIE DE SUPOSIÇÕES

MUITO TEMPO

↑
UM **PLANO** FINANCEIRO
<u>TRADICIONAL</u>

VOCÊ E SEU DINHEIRO

Não sabemos com certeza se a inflação será, em média, de 3 por cento ao ano; se a bolsa subirá 8 por cento ao ano; se seremos capazes de economizar 10 por cento do nosso salário (ou qual será esse salário); quando vamos nos aposentar (talvez não possamos escolher o momento); quanto essa aposentadoria vai custar; muito menos quando vamos morrer (aos 61 anos? Aos 78? Aos 92? Aos 37?).

Estou cansado de conhecer clientes cuja vida mudou drasticamente – para pior ou para melhor – e tiveram seus planos atropelados. Um casal decide economizar 10 por cento de sua renda de 180 mil dólares a cada ano. Então a empresa da esposa decola, a renda deles dobra e todo o plano muda. Outro casal organiza sua vida financeira em torno do objetivo de se mudar para o Panamá na aposentadoria; então, um deles se apaixona por outra pessoa e eles se divorciam. Perda do emprego, herança, grandes ganhos na bolsa, netos...

Vamos falar a verdade: um simples telefonema basta para mudar completamente nossa vida, nossos planos, nossas obrigações, nossos recursos. É como diz aquele antigo ditado: *O homem planeja e Deus ri.*

A experiência me diz que as surpresas financeiras são a regra, não a exceção. Mudei-me com minha família para Las Vegas em 2004. Compramos uma casa por 575 mil dólares. O vendedor a tinha comprado por menos de 400 mil. O valor da casa subiu para mais de 1 milhão de dólares em 2007, no auge da bolha imobiliária em Las Vegas.

Não construí nenhum plano financeiro baseado na suposição de que os imóveis em Las Vegas continuariam subindo de preço. Ainda bem. Quando nos mudamos de volta para Utah

OS PLANOS NÃO VALEM NADA

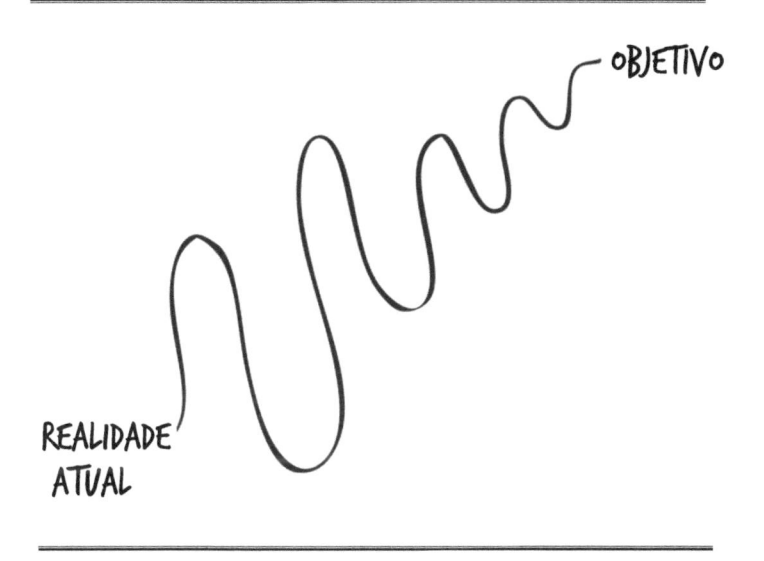

OBJETIVO

REALIDADE ATUAL

(a própria mudança também foi uma surpresa), o mercado imobiliário de Las Vegas já tinha entrado em colapso e nós devíamos ao banco mais do que a nossa casa valia. Tivemos de fazer um acordo com o banco: vendemos a casa por 425 mil dólares e eles perdoaram o restante da dívida.

Uau! Que surpresa! Nós não havíamos planejado que o valor da casa subisse de 575 mil para 1 milhão de dólares. Tampouco planejamos que o valor descambasse. Seria impossível ter previsto qualquer um dos dois eventos. Quem diria!

No final da década de 1990, um amigo meu construiu uma empresa a partir do nada; começou no seu porão. Potenciais compradores estavam cogitando pagar mais de 50 milhões de dólares por sua firma. Baseado nisso, meu amigo começou a fazer planos para fundar uma instituição de caridade que promovesse a educação infantil. Foi então que a bolha estourou e

VOCÊ E SEU DINHEIRO

o valor de sua empresa despencou para 1,5 milhão de dólares. Não foi nenhuma tragédia – e meu amigo tem se dado muito bem –, mas, nesse meio-tempo, ele teve de fazer algumas mudanças de percurso.

Uma amiga se casou com um homem que tinha herdado uma fortuna. O marido conseguiu gastar tudo em carros esportivos e num estilo de vida opulento. Inesperadamente, ele herdou mais 8 milhões de dólares de um parente distante. Gastou um pouco desse montante também – e perdeu quase todo o resto fazendo *day trading** sem que a esposa soubesse.

Agora, ela tem mais de 60 anos e está procurando emprego pela primeira vez na vida. Não é o que ela tinha planejado.

Essa é uma das cruéis ironias de qualquer tentativa de criar um plano: quando começamos, não dispomos das informações de que precisamos. Isso significa que nossos planos, sejam quais forem, serão baseados sobretudo em ficções mais ou menos plausíveis – ou na pura e simples fantasia.

Otimista, pessimista, realista

Existe uma síndrome que chamo de Hora da Historinha da Aposentadoria. Uma casal preocupado com a aposentadoria procura um consultor financeiro. O consultor cria um plano baseado em várias suposições e o casal percebe que não conseguirá atingir suas metas. Eles conversam mais um pouco e o consultor altera algumas suposições. O casal conclui que tudo vai dar certo caso eles consigam fazer seus investimentos renderem um pouco mais e se aposentem alguns anos mais tarde.

---

* Comprar e vender ativos (inclusive ações) amiúde, no mesmo dia. Prática disseminada com a internet. (N. do E.)

OS PLANOS NÃO VALEM NADA

Assim, voltam a se comportar como sempre se comportaram – e, lá no fundo, ainda estão preocupados, pois sabem que aquelas suposições não valem quase nada. (O que me conduz a outra conclusão: *tudo não passa de charlatanice a menos que afete o nosso comportamento.*)

O excesso de otimismo é apenas um dos lados do problema. Às vezes, as suposições são demasiado *pessimistas*. Pode acontecer de, olhando para o futuro, você constatar que, se continuar economizando o que economiza hoje, nunca vai atingir o seu objetivo – e, assim, desiste de economizar. Mas é muito possível que, com o tempo, você consiga economizar muito mais. Há trinta anos, um escritor conhecido meu ganhava a vida a duras penas em Nova York, esforçando-se para economizar 15 por cento de sua renda (bastante modesta) na esperança de, um dia, conseguir se aposentar. Enjoou do seu trabalho, saiu da cidade, mudou-se para o interior, abriu uma editora – e mostrou-se muito hábil nesse ramo. Três anos depois, sua renda triplicara; ele está semiaposentado desde os 40 e poucos anos.

As suposições pessimistas geralmente desencorajam as pessoas de fazer qualquer coisa para melhorar suas perspectivas. O futuro não guarda somente riscos, mas também boas surpresas. Cuidamos tanto de nos proteger contra as surpresas negativas (perda do emprego, deficiência física, divórcio, morte... todas as catástrofes possíveis) que nos esquecemos de levar em conta as positivas (um aumento, uma empresa que decola, uma nova carreira, ganhos inesperados na bolsa) que podem, às vezes, mudar todo o nosso prognóstico.

Por isso, lembre-se: *a vida também traz surpresas agradáveis.*

O que eu quero dizer é que todas as nossas suposições não passam de palpites. De quanto vamos precisar na aposentadoria? A resposta depende da inflação, das alíquotas de imposto, da nossa saúde... a lista não tem fim. E ninguém é realmente capaz de prever nenhuma dessas variáveis.

Há alguns anos – mais de dez – bati um papo com um amigo que também era cliente. Ele e a esposa tinham acabado de ter uma filha. Perguntei-lhe quanto ele achava que devia economizar para a faculdade dela. Ele me respondeu o seguinte: "Carl, tenho uma ideia. Que tal se eu me esforçar para economizar o quanto for possível?"

A questão não é que não precisamos planejar; precisamos, sim. Mas, se aceitarmos o fato de que até o melhor plano será somente uma narrativa fictícia sobre o futuro, poderemos concentrar nossa energia no *processo* de planejamento em vez de nos deixar obcecar pelas suposições.

O processo de planejamento poderá nos levar – aliás, provavelmente nos levará – a traçar uma rota rumo ao lugar aonde queremos chegar. Para tanto, talvez tenhamos de fazer algumas suposições sobre o futuro. O planejamento baseado na realidade sabe, contudo, que essas suposições não passam de palpites. Arriscamos os nossos melhores palpites e, depois, abraçamos a tarefa mais produtiva de examinar nossas motivações e circunstâncias atuais. Assim, nossa ação terá por base a compreensão – não a esperança nem o medo, mas a clareza.

Digo aos meus clientes que eles podem abrir mão da necessidade de exatidão no planejamento. Formule o seu melhor palpite e vá em frente. Delimite o terreno para daqui a trinta anos; pense nisso como se fosse uma baliza que você poderá, quando conhecer melhor os fatos, deslocar para a frente ou para trás.

OS PLANOS NÃO VALEM NADA

Pense na diferença entre um plano de voo e o voo propriamente dito. O plano de voo não passa de um palpite do piloto acerca das condições climáticas e de outros fatores. Por mais tempo que o piloto passe planejando, as circunstâncias nem sempre ocorrerão de acordo com o plano.

Na verdade, elas *quase nunca* seguem o que o piloto planejou. O número de variáveis é grande demais. Ou seja, o plano é importante, mas o fator fundamental para uma boa viagem é a capacidade do piloto de fazer pequenas e contínuas correções no rumo. Trata-se de corrigir o rumo, não o plano.

Há dois ou três anos, escalei uma montanha com um amigo meu. Enquanto caminhávamos para o ponto de partida da escalada, começou a chover. Outros grupos de alpinistas começaram a dar meia-volta, imaginando que as pedras estariam molhadas e escorregadias.

Brad e eu tínhamos planejado subir por uma rota relativamente difícil, mas então decidimos caminhar até o ponto de partida de uma outra rota. Essa seria mais fácil e a escalada só começaria num local mais alto da montanha. Ou seja, teríamos mais tempo para esperar que o clima se decidisse (sabe como são as condições climáticas nas montanhas... elas mudam rapidamente).

À medida que subíamos, mais carregado ficava o céu. Mas seguimos em frente, pois ainda não havia perigo. Finalmente, paramos atrás de uma rocha, fizemos chá e esperamos. O tempo melhorou um pouco e subimos mais, num terreno fácil de transpor. A todo momento encontrávamos pessoas que haviam dado meia-volta e estavam descendo. Nós, porém, seguimos em frente.

VOCÊ E SEU DINHEIRO

No fim, o sol saiu e secou as rochas. Equipamo-nos e rumamos para o cume. A escalada foi fantástica e chegamos em segurança ao pico da montanha.

O que tornou essa experiência ainda mais satisfatória foi o fato de que poderíamos facilmente ter voltado atrás com os primeiros sinais de mau tempo. Mas prosseguimos, sempre estudando a situação e adaptando-nos a ela. Não inventamos nenhuma historinha sobre o que aconteceria com as condições climáticas. Fomos observando o clima e contornando-o. Acabamos subindo por uma rota diferente – mas chegamos ao topo da montanha.

Planejamento de curto prazo para resultados de longo prazo

Quando você já tem uma ideia geral de aonde quer chegar, deve mudar seu foco para o que pode fazer no curto prazo. Foque os próximos três anos. Pensando em períodos mais curtos, inspiramo-nos a agir com base no que está acontecendo de fato. É um procedimento muito mais hábil do que se preocupar com o que poderá acontecer daqui a quinze anos (ou mesmo cinco). Lembre-se: nós simplesmente não sabemos.

É por isso que é importante tentar viver no presente; aliás, é *só* no presente que podemos viver. Vivendo no presente, permanecemos atentos ao que está acontecendo de fato, conosco e no mundo ao redor. Podemos, então, agir com base nessa consciência. O planejamento financeiro baseado na realidade tende a produzir melhores resultados.

Vivendo no futuro, por outro lado, perdemos o rumo em meio aos receios e fantasias. Vivendo no passado, perdemo-

OS PLANOS NÃO VALEM NADA

-nos no remorso e na nostalgia. Todo planejamento financeiro baseado em medos, fantasias, remorsos e nostalgias tende a perpetuar essas emoções.

Estabeleça um rumo, saiba que suas previsões certamente estarão erradas e se disponha a corrigir o rumo com frequência. Lembre-se: é o processo contínuo de planejamento, e não o plano em si, que o manterá no caminho dos seus objetivos e longe da falha comportamental.

O risco dos investimentos *aumenta* com o tempo

Muitas vezes, nós nos baseamos nos resultados do passado para fazer suposições sobre o futuro. Parece razoável. Mas, mesmo que o passado possa nos ensinar algo sobre o futuro (e às vezes isso acontece), enfrentamos um outro problema. Temos a tendência de fazer uma interpretação errônea das mensagens que o passado nos envia.

Vejamos, por exemplo, como entendemos o risco. Quando as pessoas fazem planos financeiros, geralmente dedicam tempo e energia à tentativa de decidir quanto estão dispostas a correr riscos. Se você passar algum tempo na companhia de vendedores tradicionais de produtos financeiros ou na seção de economia de uma livraria, mais cedo ou mais tarde vai deparar com a afirmação de que o risco diminui com o tempo.

Essa historinha é frequentemente acompanhada por um diagrama "educativo" que se parece um pouco com o desenho a seguir. A raiz dessa tese é a ideia de que, com o tempo, a variação dos retornos potenciais dos investimentos vai diminuindo para uma média de cerca de 10 por cento, no longo prazo.

VOCÊ E SEU DINHEIRO

VARIAÇÃO DOS RESULTADOS (%)

Nº DE ANOS

Em outras palavras, quando se levam em conta o melhor e o pior retorno obtidos na bolsa num período de um ano, as perdas podem chegar a 40 por cento e os ganhos, a 60 por cento. É uma variação enorme.

Quando se leva em conta um período de vinte anos, porém, o pior desempenho anual médio passa a ser um ganho de cerca de 3 por cento, e o melhor, um ganho de 15 por cento. A variação é muito menor. Em períodos de trinta anos, os resultados se aproximam ainda mais da média.

OS PLANOS NÃO VALEM NADA

VARIAÇÃO DOS RESULTADOS ($)

Nº DE ANOS

O problema é que, no mundo real, não nos preocupamos com as porcentagens, mas sim com o dinheiro. Por mais que você tente, não poderá pagar pela comida, pela faculdade ou pela aposentadoria com um monte de porcentagens.

E adivinhe só: quando comparamos as variações dos mesmos investimentos, não em porcentagens, mas em moeda corrente, chegamos à conclusão oposta. A variação dos resultados *aumenta* com o tempo.

Como isso acontece?

VOCÊ E SEU DINHEIRO

Se você por acaso obtiver um rendimento de 5 por cento em vez dos 7 por cento planejados, a diferença será muito pouca daqui a doze meses. Mas será imensa daqui a vinte ou trinta anos.

Voar de avião nos proporciona novamente uma metáfora instrutiva. Imagine um voo que vá atravessar os Estados Unidos, de Los Angeles a Miami. Se o avião desviar 1 centímetro do rumo na hora da decolagem, o desvio mal será perceptível quando ele sobrevoar Las Vegas. Se não for feita uma correção do rumo, contudo, é provável que o avião acabe pousando no Maine e não em Miami.

Se você basear seu plano na obtenção do rendimento médio da bolsa em longo prazo e *nunca* fizer uma correção do rumo, correrá o imenso risco de chegar a um lugar muito diferente daquele para o qual queria ir. Se, por outro lado, definir um rumo e fizer pequenas correções quando perceber que está se desviando do rumo, poderá chegar tranquilamente ao seu destino.

Questões financeiras que você pode controlar

Somos constantemente bombardeados por informações: desde relatórios sobre os altos e baixos do mercado até manchetes sobre acidentes nucleares e revoluções em outros países. Mas veja só: *na verdade, ninguém sabe os que esses acontecimentos significam.*

Quando deparamos com coisas que não compreendemos, elas podem nos causar receio e ansiedade. Buscando controlar tudo, muitas vezes nos preocupamos obsessivamente com as consequências de acontecimentos futuros, mesmo que eles estejam, quase sempre, fora de nosso controle.

OS PLANOS NÃO VALEM NADA

Há três coisas das quais devemos nos lembrar quando sentimos não ter o controle nem a compreensão de como o mundo vai mudar.

Primeira: nada disso é um problema agora.

Percebi que, quando começo a me preocupar com os acontecimentos futuros, é bom focar o que está acontecendo neste exato momento na minha vida. Muitas vezes, percebo que neste exato momento, agorinha mesmo, não tenho problema nenhum.

Para ser bem claro, não estou querendo dizer que isso signifique que nada do que está acontecendo possa ter impacto significativo sobre a minha vida. Sem dúvida, todos nós precisamos lidar com preocupações desse tipo, mas convém isolar esse exercício da realidade do dia a dia.

Segunda: concentre-se na sua economia pessoal e pare de se preocupar com a economia global.

Se você se concentrar na economia pessoal, ainda terá muita coisa sob o seu controle. É por isso que gosto muito desta frase do investidor Jim Rogers: "Toda economia que poupa, investe e trabalha duro vence, com o tempo, os países que consomem, tomam emprestado e gastam."

Quando as coisas ficam complexas demais percebo que, muitas vezes, vale a pena me concentrar na minha situação pessoal. Ainda sou capaz de descobrir um jeito de gastar menos do que ganho e investir nas minhas habilidades ou na minha empresa (sobre as quais tenho um pouquinho de controle). E, sem dúvida, sou capaz de ir à luta e dar o melhor de mim.

Esqueça o que está acontecendo na China, a demanda global pelo dólar e o preço do ouro. Enquanto nos preocupamos

VOCÊ E SEU DINHEIRO

com isso, poderíamos estar fazendo coisas que realmente façam a diferença na nossa vida financeira – como trabalhar ou tentar descobrir o que fazer para gastar um pouquinho menos ou ganhar um pouquinho mais.

O mesmo princípio vale quando nos deixamos iludir pela ideia de que um retorno maior sobre nossos investimentos será a chave para alcançar nossos objetivos financeiros. Às vezes chegamos até a sonhar com a possibilidade de os investimentos nos libertarem de uma vida insatisfatória. Poderíamos largar o emprego, parar de nos preocupar, nos aposentar e mudar para o México... mudar tudo aquilo de que não gostamos na vida.

Mas a bolsa não é a loteria mais fácil de ganhar. Provavelmente, o aumento do retorno não vai mudar drasticamente sua perspectiva financeira, muito menos sua vida.

Felizmente, você mesmo pode fazer isso. É importante tomar decisões sensatas sobre como investir seu dinheiro, mas os efeitos disso nem sequer se aproximam dos de trabalhar duro e economizar mais – que dirá de abrir uma empresa, voltar a estudar ou reinventar-se das mais diversas maneiras.

Eu me lembro de um conhecido que sofria de depressão quando tinha 20 e poucos anos. Ele tomou uma decisão corajosa: pediu dinheiro emprestado, dando a casa como garantia, a fim de poder pagar uma psicoterapia intensiva. Cinco anos depois, já se sentia bem o suficiente para largar o emprego, que não lhe oferecia nenhuma perspectiva, e começar uma carreira de escritor. De lá para cá, ele vendeu meio milhão de livros e escreveu inúmeros artigos. Diz que a psicoterapia foi o melhor investimento financeiro que já fez.

OS PLANOS NÃO VALEM NADA

Descobri que, para ajudar, é bom pensar que minha tarefa é ganhar dinheiro e que o investimento é um instrumento para *proteger* o dinheiro que ganhei. É claro que, com isso, eu talvez tenha de ficar de braços cruzados, só olhando, enquanto o mercado bate novos recordes. Por outro lado, se essa abordagem me ajuda a me concentrar em ganhar mais, começar um negócio paralelo ou mesmo somente me preocupar um pouco menos, talvez ela conduza a resultados melhores no longo prazo.

Também vale a pena lembrar que não temos controle nenhum sobre as atividades do mercado, ao passo que temos algum controle sobre os nossos atos.

Na próxima vez em que a vida começar a parecer muito complexa, fugindo por demais ao seu controle, lembre-se que, para voltar aos eixos, basta que você se concentre naquelas coisas simples (perceba, eu não disse "fáceis") que você efetivamente pode fazer para impactar sua economia pessoal.

A sabedoria é uma estratégia financeira

Ouça este antigo conto zen. Dois jovens peixes estão nadando ao lado de um recife de coral. Um peixe mais velho os observa a distância e, em voz alta, lhes pergunta: *Como está a água por aí?*

Os dois peixes jovens trocam olhares perplexos. Um deles responde ao peixe mais velho: *O que é essa tal de "água"?*

Essa historinha me faz pensar em nossa relação com o dinheiro. Estamos nadando num mar de questões, preocupações e esperanças relacionadas com o dinheiro. Mas não temos plena consciência do papel que o dinheiro desempenha na nossa vida.

VOCÊ E SEU DINHEIRO

A mudança da nossa relação com o dinheiro começa assim que percebemos quanto ele é importante para nós. Quando isso acontece, começamos a entender quanto é importante tomarmos decisões financeiras que nos libertem da ansiedade e da confusão.

À medida que a clareza aumenta, conseguimos começar a ver o dinheiro dentro de um contexto maior. Vemos que ele não é uma medida, muito menos uma garantia de felicidade. A quantidade de dinheiro que temos diz muito pouco, ou nada, a respeito do nosso sucesso como seres humanos; tampouco determina necessariamente a qualidade da nossa vida. É uma variável entre outras muito mais fundamentais, como a habilidade, o talento, a generosidade, a lucidez, o amor, a sorte... a lista é imensa.

Na verdade, é do nosso próprio interesse financeiro passarmos menos tempo pensando em dinheiro e nos preocupando com ele. Assim, podemos nos dedicar a alimentar aquelas qualidades fundamentais – a sabedoria, a saúde, a experiência e assim por diante – que poderão, no fim, nos ajudar a acumular mais dinheiro no longo prazo. (É difícil ganhar dinheiro quando somos tolos e estamos doentes e confusos.)

Nossos instintos mais profundos (caso lhes dermos ouvidos) vão nos dizer que o dinheiro não *significa* nada: é uma simples ferramenta para atingir objetivos. E os objetivos a que me refiro não são os de obter uma alta taxa de retorno, ganhar mais do que as 500 maiores da S&P ou encontrar o próximo grande gestor de fundos de investimento.

Os objetivos a que me refiro são aqueles que importam para você: ver seus filhos se formarem na faculdade, abrir uma

OS PLANOS NÃO VALEM NADA

empresa, tornar-se professora de ioga, ficar um ano sem trabalhar, aposentar-se aos 60 anos, passar mais tempo em casa com as crianças, comprar um carro legal, descer o rio Colorado de caiaque e ajudar seus pais idosos.

Quando mudamos o foco da nossa atenção de um punhado de preocupações mais ou menos incoerentes sobre dinheiro para objetivos financeiros genuínos, nossa mente clareia. Paramos de nos preocupar com pseudo-objetivos (escolher o investimento certo) e perdemos todo interesse pelos objetivos falsos (ter uma casa maior que a do vizinho, embora isso pouco nos importe).

Com isso, nossa mente fica livre para dedicar mais tempo e energia (intelectual e emocional) a prestar mais atenção ao que realmente queremos – ao que realmente nos importa. Começamos a agir de modo compatível com nossos valores e passamos a nos motivar menos pela confusão e pelo medo.

É claro que, mesmo assim, você ainda terá de pensar num jeito de atingir seus objetivos. Mas isso será mais fácil quando você perceber que sua estratégia financeira é um simples meio para um fim (que podemos chamar de "felicidade").

Encontre seu foco

Seu tempo e sua energia são limitados. É preciso usá-los sabiamente. O que fazer?

Minha regra é simples. Limite sua atenção àquelas coisas que atendam a dois critérios: serem importantes para você *e* estarem sujeitas à sua influência.

Uma das minhas clientes é uma senhora de idade que mora na zona rural. Certo dia, ela me ligou preocupadíssima com o que estava acontecendo no Líbano. Queria saber de que maneira aqueles eventos poderiam afetar sua carteira de investimentos.

Eu lhe disse duas coisas: *Um – o Líbano não vai influenciar significativamente nada que vá acontecer com a senhora. Dois – não há nada que a senhora possa fazer para influenciar os acontecimentos no Líbano.*

Depois, fiz a ela uma pergunta: *Dados esses dois fatos, por que estamos conversando sobre o Líbano?*

Posso contar mais cem historinhas iguais a essa. Tenho dois clientes – um casal de médicos. Eles passaram incólumes pelos primeiros um ou dois anos deste século. O *bug* do milênio, o colapso das pontocom – esses eventos assustadores não os incomodaram em absoluto. Foi então que veio, em 2003, a epidemia da SARS.

Lembra da SARS? A sigla, em inglês, significa Síndrome Respiratória Aguda Grave. Entre o final de 2002 e o início de 2003, essa doença matou mais de oitocentas pessoas, muitas delas na China e em Hong Kong. Ninguém morreu de SARS nos Estados Unidos. A SARS foi uma tragédia – uma de muitas que se abatem sobre o planeta todos os dias.

Meus jovens amigos médicos ficaram muito preocupados com o modo pelo qual a SARS poderia afetar sua carteira de investimentos. Na verdade, queriam sair da bolsa.

Estranho. Nenhum outro cliente meu se preocupou com os efeitos da SARS sobre seus planos financeiros. E, do ponto de vista dos investimentos, a SARS de fato não era nada preocupante. Mesmo que houvesse algum risco, seria impossível para eles evitarem-no sem desviar seus planos – o que os obri-

COISAS QUE IMPORTAM

COISAS QUE PODEMOS CONTROLAR

↑
NO QUE DEVEMOS NOS CONCENTRAR

VOCÊ E SEU DINHEIRO

garia a correr riscos financeiros muito maiores. Em resumo, mesmo que a SARS representasse um risco financeiro, não havia nada que eles pudessem fazer a respeito.

Acho tudo isso muito interessante. As pessoas se preocupam muito com coisas que simplesmente não podem controlar.

A solução: concentre-se nas coisas que importam para você *e* que possam ser influenciadas pelo seu comportamento. E esqueça todo o resto.

SENTIMENTOS

VOCÊ E SEU DINHEIRO

OS SENTIMENTOS podem custar caro. Conservar investimentos por motivos emocionais, por exemplo, pode sair caríssimo. Uma cliente minha, uma senhora de 82 anos, quando ficou viúva herdou um patrimônio todo amarrado a um punhadinho de ações. As ações não haviam sido adequadas para a carteira do casal quando o marido estava vivo – e certamente não eram adequadas para uma viúva idosa.

Expliquei esse fato à viúva, mas ela não me ouviu. Nada que eu dissesse era capaz de fazê-la abrir mão daquelas ações. Elas tinham sido adquiridas pelo marido e ela sempre confiara nele. Eu lhe disse que jamais convém amarrar 90 por cento da nossa carteira a um punhado de ações – e que isso era ainda menos conveniente para uma pessoa na situação dela. Ela não me ouviu.

Às vezes, os sentimentos das pessoas as convencem a conservar as ações da empresa para a qual trabalham, mesmo que esse investimento seja completamente inadequado para elas.

Sabe como é. Você trabalha para a Empresa "X". A empresa está crescendo, o valor das ações está subindo e você começa a sonhar com uma aposentadoria precoce. Sabe que deveria vender algumas daquelas ações – afinal, elas constituem 80 por cento de tudo o que você já economizou na vida –, mas as conserva. Além de ser divertido, você acredita no que a empresa faz! Vocês estão reinventando todo um setor da economia!

Então, a empresa vai à falência e você perde tudo – não só o emprego como também todas as suas economias.

Admito que esse exemplo é extremo, mas quem não se lembra da Tyco, da Enron e do Lehman Brothers? E da GM?

SENTIMENTOS

Ninguém quer acreditar que a empresa para a qual trabalha vai ruir, mas às vezes isso acontece. Eu tinha amigos que trabalhavam na Tyco – e eles só souberam do desastre quando ele aconteceu. E a Enron? Jeff Skilling era um herói para muitos homens de negócios até pouco antes de a empresa falir.

ERROS / APEGO EMOCIONAL A UM INVESTIMENTO

Quando conto essas histórias aos meus clientes, perspicazmente, eles assentem com a cabeça. Admitem que as pessoas que trabalhavam nessas empresas foram meio tolas de deixar todo o seu dinheiro amarrado às ações delas. Contudo, quando tento conversar com elas sobre as ações das empresas para as quais *elas* trabalham, encontro resistência. (Tente convencer um funcionário da Apple a vender algumas ações da companhia.) Uma vez ou outra, encontro pessoas que têm a maior parte do seu patrimônio líquido amarrado às ações da empresa para a qual trabalham. São funcionários fiéis!

E, por isso, colocam em sério risco suas perspectivas de aposentadoria.

Com frequência ainda maior, retemos certos investimentos pelo simples fato de já serem nossos. A inércia é uma força poderosa na gestão de carteiras.

O familiar é confortável. Sempre tivemos aquelas ações; por isso, para começo de conversa, parece correto continuar com elas, embora nem sequer nos lembremos de por que as compramos. Aliás, sabemos que, se vendermos aquelas ações, elas poderão subir e então nos sentiremos tolos. Ninguém quer correr o risco de se sentir tolo – especialmente naqueles casos em que é tão fácil não fazer... absolutamente nada.

O problema é que não fazer nada também pode ser uma tremenda tolice. Você deve estudar atentamente sua carteira de vez em quando para ver se ela ainda é compatível com os seus objetivos.

O Teste do Dia Seguinte

Um amigo meu recomenda um exercício chamado Teste do Dia Seguinte. Pergunte-se o que você faria se, numa noite, alguém vendesse todos os seus investimentos. Na manhã seguinte, você acorda e encontra 100 por cento do valor daqueles investimentos convertidos em dinheiro em sua conta.

O teste é o seguinte: você tem a opção de comprar de novo os mesmos investimentos sem custo algum. Montaria a mesma carteira? Se não, que mudanças faria? Por que não as faz agora?

SENTIMENTOS

É um teste difícil para a maioria. Às vezes as pessoas se esquecem de por que fizeram aqueles investimentos (deve ter havido *alguma* razão, correto?). É como em certos relacionamentos: o casal se distancia, suas vidas tomam rumos diferentes e eles já não têm muito sobre o que conversar... e, no entanto, continuam juntos, porque mudar exige esforço.

No que se refere aos investimentos, não podemos nos dar ao luxo de viver nessa estagnação. Precisamos de investimentos que tenham sentido à luz dos nossos objetivos atuais. Isso significa que temos de examinar esses objetivos, e isso significa... trabalhar. É por isso que certas pessoas que fazem o Teste do Dia Seguinte simplesmente pedem (por favor!) que lhes devolvam seus antigos investimentos. Embora não o admitam, elas simplesmente não querem se dar ao trabalho de procurar investimentos novos.

Eu entendo. Somos ocupados, vivemos com a cabeça cheia. Quem quer acrescentar mais um item (neste caso, "reexaminar a carteira de investimentos") à sua lista de coisas a fazer? Infelizmente, trata-se de algo que precisa *mesmo* ser feito.

Não estou falando de mudar por mudar. Comprar e vender investimentos custa dinheiro. Estou dizendo que você precisa saber o que possui e por que o possui.

Saber quando vender

Como saber quando é hora de vender? Penso nessa pergunta toda vez que as pessoas me falam sobre grandes novidades em Wall Street – dividendos nunca antes vistos, aquisições e as mais recentes ofertas públicas iniciais.

Essas conversas eram mais comuns no final da década de 1990. Você se lembra daquela época: todos se davam bem nos investimentos, bastando para isso escolher ações de empresas de tecnologia ou de empresas cujo nome terminasse com ".com". Naquele período, muitas pessoas recuavam diante da ideia de vender suas ações, pois não queriam ter de pagar os impostos sobre seus (em geral, imensos) ganhos de capital. Também acreditavam – ou queriam acreditar – que seus investimentos continuariam valorizando-se indefinidamente. Se tinham dobrado, poderiam triplicar!

As emoções desempenham um papel considerável na decisão de vender ou não vender. Não gostamos de pagar impostos porque nos sentimos mal entregando parte do nosso lucro ao "Tio Sam", ou não queremos desistir da fantasia de que aquela ação específica haverá, afinal, de nos tornar ricos. Ou ainda, às vezes, simplesmente gostamos de poder dizer que possuímos as ações mais quentes do momento.

Contudo, quando deixamos que os sentimentos atravessem o caminho da percepção direta dos fatos (o fato, por exemplo, de determinada ação ser muito mais arriscada agora que seu preço subiu), nos ferimos. Às vezes, sofremos perdas que podem mudar a nossa vida.

Nesse caso, se você possui algumas ações que estão indo muito bem, como tomar uma decisão sensata?

Em primeiro lugar, seja honesto consigo mesmo. Digamos que você tenha comprado ações a 10 dólares e que o valor delas tenha subido para 30 dólares. Foi inteligência ou sorte? Se você for honesto (e isso nem sempre é fácil, pois a evolução infundiu no nosso cérebro certa propensão ao autoengano), terá de reconhecer que qualquer valorização de 300 por cento em sua carteira reflete mais a sorte que a habilidade, ou no máximo uma proporção igual das duas.

SENTIMENTOS

Em segundo lugar, faça o Teste do Dia Seguinte. Com base nas perspectivas daquela empresa ou daquele fundo, e no preço do investimento, você o adquiriria agora? (Se você não sabe, a resposta é não.)

Em terceiro lugar, reexamine o que aquele investimento pode fazer para ajudá-lo a alcançar seus objetivos. Identificar a Apple do futuro não é um objetivo financeiro. Os objetivos financeiros são economizar para a aposentadoria ou ter dinheiro suficiente para mandar os filhos para a faculdade. Quando conhecemos com clareza o porquê – ou seja, os objetivos que nos motivam a investir –, torna-se muito mais simples tomar decisões sobre os investimentos.

Tendo isso em mente, pergunte-se: por acaso este investimento desempenha um papel definido na sua carteira? Oferece as vantagens da diversificação ou uma infusão necessária de potencial de crescimento, ou acrescenta algum outro elemento ao conjunto? Em outras palavras, ele colabora com os seus esforços para alcançar os seus objetivos? Se a resposta for não, venda-o.

Em quarto lugar, siga em frente e não olhe para trás. É muito possível que, se você tomar a decisão de vender um investimento porque ele não se harmoniza com os seus objetivos, o valor dele suba imediatamente. Do mesmo modo, se você decidir conservar um investimento porque ele é compatível com seus planos, é possível que ele tropece e despenque ou, pelo menos, cambaleie.

Tendo isso em mente, você precisa se preparar emocionalmente para aqueles momentos em que sua fé em decisões perfeitamente corretas, baseadas na realidade, será posta à prova. É claro que isso se aplica a todas as decisões relativas aos investimentos, não somente à decisão de vender ou não vender.

Enquanto isso, vamos tomar cuidado para que todo esse processo não pareça mais difícil do que realmente é. Tomar a decisão de vender ou conservar um investimento é relativamente simples quando temos consciência das armadilhas cognitivas do medo e da cobiça. Qualquer um deve ser capaz de ver com clareza que, se possui um investimento cujo valor triplicou e se esse investimento foi feito por sorte, o mais sensato é pegar os lucros e investi-los em algo que reflita o seu plano com mais precisão.

Como sempre, fazer a coisa certa é simples. Nem sempre é fácil, mas é simples.

Fixar-se num número

Um dos erros comportamentais mais comuns que cometemos ao tomar decisões sobre investimentos é a tendência de nos fixarmos num determinado valor ou preço. Quando nos fixamos num preço, podemos fazer bobagens que custam caro.

Digamos que você tenha pagado 800 mil dólares por sua casa há alguns anos e agora precise vendê-la. Quer recuperar pelo menos o montante que pagou. Assim, insiste em anunciá-la por 800 mil dólares apesar de saber que o mercado imobiliário se desvalorizou. Três meses depois, rejeita uma oferta de 750 mil dólares. Mais seis meses se passam, e agora você ficaria muito satisfeito se obtivesse 700 mil dólares. Aquela primeira oferta agora parece um sonho.

SENTIMENTOS

Adivinhe só: o mercado imobiliário não quer nem saber quanto você pagou por sua casa. Não quer saber quanto você investiu nela nem quanto gastou para fazer o paisagismo. Tudo o que importa é quanto ela vale hoje.

Outro exemplo: você compra ações a 50 dólares por unidade e seis meses depois elas estão valendo 40 dólares. Você sabe que de qualquer modo elas não deveriam fazer parte da sua carteira, mas não quer vendê-las até "recuperar o que investiu".

Essa ideia de conservar um investimento que já não é adequado ou que foi equivocado desde o princípio simplesmente não faz sentido. O fato de ter pagado 50 dólares por ação não deve determinar de maneira alguma a sua atitude neste momento.

Na minha opinião, é correto afirmar que recuperar o valor investido não é *jamais* uma boa razão para conservar um investimento.

Mais um exemplo que vejo acontecer a todo momento: sua carteira valia 500 mil dólares quando o mercado estava no auge. Toda vez que abre o extrato e vê que seus investimentos valem menos do que isso, você ainda pensa naquele valor. Está determinado a atingir novamente o seu ponto alto de 500 mil dólares. Pega-se, de vez em quando, sonhando acordado com essa possibilidade – como aquele vizinho que ainda se gaba dos anos dourados em que jogava futebol americano no ensino médio, quando deveria, ao contrário, estar acumulando vitórias ou derrotas em alguma outra atividade.

O passado é o passado. O que importa agora é tomar a decisão correta hoje.

$ 50

ISTO É TUDO
O QUE IMPORTA

$ 30

PASSADO ——— PRESENTE ⟶

SENTIMENTOS

O dinheiro tolo

Todos nós já ouvimos falar do chamado "dinheiro inteligente": é como são chamados os investidores que sempre sabem quando comprar e vender e o que comprar e vender. (Diga-se de passagem que isso não existe.) Mas e o "dinheiro tolo"? É esse o nome que certos operadores de Wall Street dão às pessoas que sempre vendem ações por um valor baixo, depois se arrependem e as readquirem por um valor mais alto. (Ou seja, quase todos nós.)

Está cansado de ser tolo? Então, precisa fazer escolhas diferentes.

A escolha mais importante se resume à seguinte: você age com base naquilo que conhece ou em como se sente?

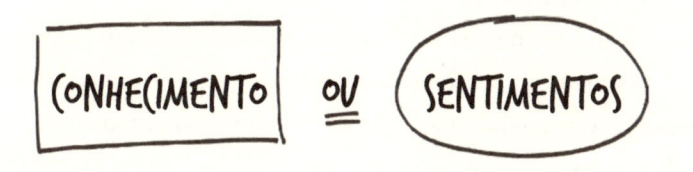

CONHECIMENTO ou SENTIMENTOS

... ESCOLHA COM CUIDADO ...

Teoricamente, o conhecimento ganha (compre na baixa, venda na alta!). No mundo real, porém, nós fomos feitos para buscar aquelas coisas que nos dão prazer ou segurança e para fugir a toda velocidade das que nos causam dor. Se não fosse assim, teríamos sido exterminados pelos tigres-dentes-de-sabre muito tempo atrás. Isso significa que, muitas vezes, somos motivados não pelo que sabemos, mas pelo que sentimos.

A *Economist* publicou uma capa notável em dezembro de 2008, dominada pela imagem de um buraco negro sem fundo. Fiquei impressionado, na época, com quanto a imagem refletia meus sentimentos. Quando a vi de novo em 2010, tive uma reação emocional inesperada e forte. A capa produziu em mim os mesmos sentimentos mais uma vez.

Aquela imagem fez que eu me sentisse como todos se sentiam naquela época: deprimido e sem esperanças. Eu me sentia um tolo por não juntar o pouquinho de ouro que me restava e enterrá-lo debaixo da casa antes que também ele caísse no buraco retratado na capa da revista.

Mas veja só. Embora a imagem refletisse com exatidão meus sentimentos, eu sabia que não convinha de modo algum agir com base nesses sentimentos. Assim, não vendi nada.

As decisões sobre investimentos devem ser tomadas com base no que conhecemos, não em como nos sentimos.

Ou seja, se você está pensando em fazer uma mudança repentina e radical na sua carteira, pergunte se essa decisão é baseada no que você sente ou no que você sabe. Será ela baseada em seus sentimentos diante dos acontecimentos do mercado? Ou está alicerçada num plano de investimentos que você pôs em prática quando estava pensando com clareza?

Os médicos americanos costumam dizer: "Não fazer nada é melhor do que agir a esmo." Quando lidamos com investimentos, muitas vezes temos a sensação de que deveríamos estar *fazendo* alguma coisa. A inação implica a perda de uma oportunidade ou algum outro tipo de equívoco. É preciso tra-

SENTIMENTOS

balhar duro para cultivar um jardim, mas a certa altura temos de simplesmente deixar que as plantas cresçam. Se você tem um plano, deixe-o funcionar.

Se ainda assim você está convicto de que precisa agir, faça uma pausa obrigatória. Escreva uma carta para si mesmo explicando o que pretende fazer e por quê. Imagine que você esteja tentando convencer um sábio amigo de que o seu curso de ação é sensato. Às vezes vale a pena efetivamente sentar com uma pessoa de confiança e conversar sobre o assunto.

Mas cuidado. Ignore o que os seus instintos dizem sobre a direção em que a bolsa está caminhando. Já perdi a conta de quantas vezes vi as pessoas usarem o "instinto" como desculpa para comprar ou vender ações justamente no pior momento.

Sei que é idealismo querer excluir todas as emoções do nosso processo de tomada de decisões. Mas podemos nos esforçar em abrir espaço para o conhecimento em nossas escolhas financeiras.

A incerteza é normal

O ato de investir, como a própria vida, nos obriga a tomar decisões em meio à incerteza. Será impossível acertar todas. Podemos controlar o processo pelo qual tomamos a decisão, mas não o seu resultado. No que se refere aos investimentos, temos de tomar cada decisão com base nas informações disponíveis. Temos então de observar o resultado, levar em conta as novas informações a que temos acesso, fazer correções de curso – e repetir o mesmo processo indefinidamente.

VOCÊ E SEU DINHEIRO

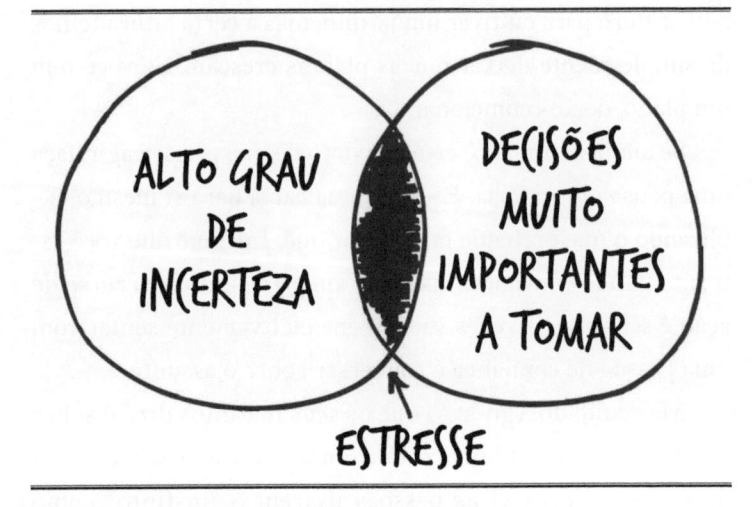

```
        ALTO GRAU          DECISÕES
           DE              MUITO
        INCERTEZA          IMPORTANTES
                           A TOMAR

                ↑
             ESTRESSE
```

Em geral, não devemos reagir de modo algum às novas informações. Mas às vezes devemos, sim, reagir. Como saber se devemos agir ou não? Faça-se as duas perguntas seguintes:

Um: Se eu agir com base nessa nova informação e ela se mostrar correta, que impacto isso terá na minha vida?

Dois: Se eu agir com base nessa nova informação e ela se mostrar errônea, que impacto isso terá na minha vida?

O simples fato de se obrigar a pensar nos possíveis resultados de um erro resultará em decisões muito melhores.

VOCÊ É RESPONSÁVEL PELO
SEU COMPORTAMENTO
(MAS NÃO PODE CONTROLAR
OS RESULTADOS)

VOCÊ E SEU DINHEIRO

BERNIE Madoff passou quase vinte anos administrando a maior pirâmide financeira da história, fraudando milhares de investidores em bilhões de dólares. Muitos desses investidores eram gente inteligente e culta. Alguns ocupavam altos cargos executivos em Wall Street. O que aconteceu?

A mesma história de sempre. Ele nos prometeu mundos e fundos e nós quisemos acreditar que ele cumpriria a promessa.

Houve sinais de alerta. Muitos em Wall Street suspeitavam de Madoff. Uns poucos estavam absolutamente convictos de que ele era um pilantra (e tentaram avisar a Comissão de Valores Mobiliários [CVM] e outros órgãos reguladores). Algumas firmas de Wall Street evitavam fazer negócios com ele.

Outras o recomendavam a seus clientes.

PARECE BOM DEMAIS PARA SER VERDADE ⬩ PAGAR A HIPOTECA

↑ CUIDADO...

Seria ótimo poder atribuir toda a culpa a meia dúzia de patifes desalmados. Mas também seria fácil demais. Parte do problema é nossa tendência quase universal de acreditar no

VOCÊ É RESPONSÁVEL...

que queremos acreditar. É dificílimo resistir a um negócio que parece bom demais para ser verdade – especialmente quando outras pessoas estão entrando nele.

Entendo por que as pessoas procuravam Madoff para investir. Ele tinha excelentes credenciais e um histórico formidável. A maioria não fazia perguntas. Queria aquelas taxas de retorno e confiava em seus consultores para protegê-la. Os consultores, por sua vez, confiavam nos órgãos reguladores. E os órgãos reguladores não fizeram o que deveriam.

Seja como for, aconteceu que pessoas muito inteligentes não averiguaram os fatos antes de pôr o seu dinheiro (e/ou o de seus clientes) em risco.

E isso acontece o tempo todo. Pouca gente levantou a voz para fazer perguntas quando banqueiros supostamente conservadores começaram a oferecer novos produtos bastante rentáveis mas altamente arriscados (derivativos e títulos atrelados a empréstimos concedidos no *subprime*) aos investidores comuns. Enquanto isso, continuávamos tomando dinheiro emprestado, mesmo cientes de que as hipotecas oferecidas sem entrada não tinham sentido do ponto de vista financeiro. Os bancos nos deram acesso a dinheiro fácil e não quisemos saber de mais nada. Pegamos o dinheiro e esperamos pelo melhor.

Para mim, para você e para quase todo o mundo é difícil ter coragem de questionar aquilo que parece bom demais para ser verdade. Mas, como sempre, nossa segurança financeira é de nossa própria responsabilidade. E isso significa que às vezes temos de ser um pouco céticos.

VOCÊ E SEU DINHEIRO

A busca de rendimento faz mal aos ativos

Atualmente, tenho muito contato com gente mais velha que vive da renda fixa de seus investimentos. Elas se preocupam porque a taxa de rendimento dos CDBs e das contas poupança com taxas atreladas aos juros de empréstimos tem caído, em alguns casos para quase zero. Preocupam-se porque precisam que seus investimentos rendam. Assim, saem em busca de rendimentos mais altos, onde quer que possam encontrá-los.

MAIOR RENDIMENTO = MAIOR RISCO

Quando encontro um desses aposentados, a conversa segue mais ou menos o seguinte rumo:

Aposentado: *Carl, um cara me falou sobre um produto novo muito interessante. É igualzinho a um CDB, mas rende 4,5 por cento. Que tal investirmos nisso?*

Eu: *Muito interessante, visto que os CDBs de doze meses estão rendendo por volta de 1 por cento. Eu me pergunto como esse produto é capaz de render quatro vezes mais. Acho que é bom fazermos algumas perguntas, do tipo: o que eles fazem com o dinheiro para gerar um rendimento tão alto? Será que esse rendimento conta com algum tipo de garantia da FDIC*?*

---

* Federal Deposit Insurance Corporation. Empresa pública norte-americana que garante certo montante dos depósitos feitos em determinados tipos de conta bancária. (N. do T.)

VOCÊ É RESPONSÁVEL...

Aposentado: *Não sei. Me disseram que é como um CDB...*
Eu: *Ah, disseram? Mas eu estou com a pulga atrás da orelha. Se é tão parecido com um CDB, como o rendimento é tão diferente?*
Aposentado: *Como vou saber? Sei que estou precisando de renda.*
Esse rendimento de 4,5 por cento viria bem a calhar para meu cliente aposentado. Afinal de contas, ele tem contas a pagar. Mas é exatamente por isso que precisa tomar cuidado.

Quanto mais nos achamos vulneráveis, mais temos a tentação de aceitar negócios da China sem fazer perguntas. Mas isso pode nos meter em grandes encrencas num piscar de olhos.

Pense no mercado em que se negociam os títulos daquelas empresas cuja classificação de crédito é baixa – o chamado mercado de *junk bonds* ou títulos podres. Esses títulos habitualmente oferecem altos rendimentos, pois são mais arriscados que os títulos do Tesouro. De vez em quando, o mercado de títulos podres nos lembra que é perigoso correr atrás do maior rendimento. Isso não impediu as empresas com baixa classificação de crédito de venderem 287,6 bilhões de dólares em títulos em 2010 – um recorde – ao mesmo tempo que cidadãos com um histórico de crédito sólido lutavam para obter dinheiro emprestado para comprar casa própria.

Se os investidores estavam engolindo tanta podridão, é porque ela oferecia um rendimento maior que o dos títulos mais dignos de crédito. Eles não se perguntavam por que esse rendimento era tão alto. Na verdade, não queriam saber.

Colocados contra a parede, muitos investidores vão admitir que não sabem ao certo qual o nível de risco que estão correndo nos investimentos que fazem. Mas chega uma hora em que temos de aprender a fazer certas perguntas difíceis

VOCÊ E SEU DINHEIRO

quando nos vemos diante de uma oportunidade financeira, *especialmente* se ela parecer muito tentadora.

Vale a pena lembrar uma lei imutável dos investimentos: se o retorno potencial é alto, o risco também é alto. (Pergunte a qualquer economista.) Ou seja, quando o retorno é imenso, os riscos também o são.

O mito do conselho imparcial

Seria ótimo se os interesses do seu consultor financeiro fossem sempre idênticos aos seus. Mas isso nunca acontece.

Pilantras descarados como Bernie Madoff são a exceção. A maioria dos consultores financeiros tenta ganhar a vida ajudando seus clientes.

Em certas ocasiões, no entanto, esses dois objetivos conflitam. E isso é normal – desde que saibamos que o conflito existe.

Gráfico: eixo vertical "CONFLITOS DE INTERESSE", eixo horizontal "NECESSIDADE DE PESQUISAR", com linha ascendente.

VOCÊ É RESPONSÁVEL...

Muita gente pede que eu crie uma lista que as ajude a escolher um consultor financeiro. O primeiro item da lista que têm em mente diz respeito a como o consultor é remunerado. Pensam que, se souberem isso, saberão se o consultor tenderá a recomendar investimentos inadequados que encham seu próprio bolso (por meio de comissões, por exemplo).

Minha opinião é a seguinte: os conflitos de interesse são inerentes a quase todas as situações em que temos de pagar por aconselhamento. Advogados, contadores, consultores financeiros, mecânicos de automóveis... todos nós temos de lidar com situações em que nossos interesses não são totalmente compatíveis com os de nossos clientes, pelo menos em curto prazo.

A tarefa que nos cabe é a de identificar esses conflitos e tê-los em mente na hora de tomar nossas decisões. Entenda deste modo: quando você entra numa concessionária da Toyota, sabe que os vendedores não vão lhe dizer que os melhores carros são os da Honda. Você espera que eles sejam honestos, mas sabe que vão tentar lhe vender um Toyota. E toma suas decisões sabendo disso.

Ao trabalhar com um consultor financeiro, não ajuda em nada saber como ele é remunerado. Há três modelos básicos: pagamento de honorários por hora de consultoria, pagamento de uma taxa baseada numa porcentagem dos ativos do cliente e recebimento de comissão pela venda de produtos.

Muitos consultores aliam dois ou três desses modelos. Alguns recebem somente taxas; outros fiam-se principalmente nas comissões.

Há muita discussão acerca de qual modelo é o melhor. A resposta depende da sua situação – do tipo de conselho de que

VOCÊ E SEU DINHEIRO

você precisa, do seu orçamento e assim por diante. Embora o modelo das comissões tenha o maior potencial de conflito de interesses, nenhum modelo é capaz de eliminá-los por completo. O planejador que recebe taxas pode perder dinheiro quando um cliente saca parte de suas economias para quitar a hipoteca, mas essa pode ser a melhor saída para o cliente. Vê-se aí um conflito de interesses em potencial.

O que realmente distingue os bons consultores é a honestidade. Eles falam com clareza sobre os conflitos e os administram com integridade.

É verdade que nem sempre é fácil julgar a integridade de um consultor. O desenvolvimento da confiança leva tempo. Nos estágios iniciais, às vezes temos de dar duro e passar bastante tempo tentando entender a fundo os conselhos que recebemos.

Esse processo se agiliza com o tempo, mas sempre será uma parceria. Ao longo do caminho, tenha em mente estes pontos:

Em primeiro lugar, Wall Street está no ramo dos negócios. Esse é o seu objetivo. Seu dever para com os acionistas é o de maximizar os lucros, não necessariamente o de distribuí-los aos clientes. Existem exceções, mas seria tolice imaginar que a pessoa que está do outro lado da escrivaninha tem o dever de colocar os interesses do cliente acima dos interesses da firma para a qual ela trabalha.

Em segundo lugar, os consultores financeiros têm a obrigação de revelar a você todas as informações de que você precisa para tomar uma decisão consciente. Você, por sua vez, tem o dever de pesquisar e fazer perguntas até entender o que lhe está sendo proposto e se sentir preparado para tomar decisões. "O que você achar melhor" é uma péssima resposta à

VOCÊ É RESPONSÁVEL...

pergunta "O que você acha que devemos fazer com a sua carteira?" A melhor resposta seria: "Não sei. Diga-me o que você acha, e depois vou lhe fazer umas 65 perguntas."

Em terceiro lugar, boa parte da publicidade do setor dá a entender que os conselhos que você recebe são desinteressados – mas, na maioria das vezes, não são.

Os conselhos financeiros são dados por pessoas cujos interesses, muitas vezes, estão em conflito direto com os dos clientes. E nisso não há problema algum, desde que saibamos o que está acontecendo. Não há nada de ilegal em tentar vender algo a alguém.

Em quarto lugar, ninguém o está obrigando a comprar nada. Continue perguntando até saber o que está fazendo. Então, e só então, tome uma atitude.

A esperança não é uma estratégia orçamentária

Talvez você já tenha aprendido esta verdade do jeito mais difícil, mas não custa repeti-la: o universo não vai comprar para você aquela BMW que você tanto quer.

Isso talvez o surpreenda se você for fã de *O segredo*, livro que foi campeão de vendas há alguns anos. A premissa do livro é que somos capazes de criar a nossa própria realidade por meio dos nossos pensamentos. Se nos concentrarmos o suficiente em alguma coisa, ela vai acontecer.

Muita gente sabe que os bons pensamentos nos deixam mais felizes e mais atraentes para as outras pessoas. Também vemos alguma lógica na estratégia de agir como se estivéssemos bem até realmente ficarmos bem. Afinal de contas, quantos de nós somos realmente qualificados para os empregos para os quais nos candidatamos?

COMPRAR COISAS QUE NÃO PODEMOS PAGAR

ACREDITAR QUE O "UNIVERSO" VAI PAGÁ-LAS

↑
ISSO TERMINA EM BUSCA E APREENSÃO

VOCÊ É RESPONSÁVEL...

Mas o simples querer não pode mudar a realidade – e a ideia de que isso pode acontecer é particularmente perniciosa quando aplicada ao dinheiro.

Uma coisa é usar a motivação do pensamento positivo para tomarmos boas decisões financeiras. Outra coisa, completamente diferente, é financiar uma BMW que não podemos pagar e ter a esperança de que o universo pague as prestações porque é nisso que temos concentrado nossos pensamentos.

Sabemos que isso é tolice, mas volta e meia vejo acontecer algo semelhante. Constantemente conheço alguém que acredita que, para subir de nível (como quer que se defina essa ascensão), é preciso praticar um fingimento insustentável, usando inclusive bens materiais como parte da armação.

Pense, por exemplo, naqueles seus conhecidos que acreditam que roupas mais caras e um carro mais chamativo vão fazê-los parecer mais bem-sucedidos, ajudando-os assim a fechar mais negócios, conseguir aquela promoção ou obter a aprovação de um novo projeto. O que realmente importa saber é se existe algo por trás de toda essa aparência.

Trabalho duro, paciência e disciplina são necessários para que ocorram mudanças positivas.

Esse é o segredo que ficou de fora de *O segredo*.

Investimento não é entretenimento

Quando confundimos investimento com entretenimento, nós nos metemos em encrenca.

Há uns dez anos, mais ou menos, os investimentos se tornaram o esporte preferido dos espectadores norte-americanos. Em todo lugar as pessoas falavam sobre a ação mais

VOCÊ E SEU DINHEIRO

quente do momento, fundos mútuos e investimentos alternativos. As revistas, estampando na capa manchetes como "Dez fundos quentes para comprar agora" ou "Cinco ações empolgantes", davam a impressão de que investir era divertidíssimo. Bastava ligar a televisão para ver algum imbecil gritando "compre, compre, compre!".

A maior parte da cobertura jornalística da bolsa de valores apelava para nossas fantasias de enriquecimento rápido – nossos mais loucos sonhos e esperanças financeiros. E quase todos nós estávamos ansiosos para engolir a ideia de que poderíamos ficar ricos de uma hora para a outra investindo em ações. Por isso, apesar de saber lá no fundo que o *timing* do mercado, a escolha de ações e o *day trading* são um risco para o patrimônio, muita gente ainda fazia essas coisas.

Cada um desses investidores teria a ganhar se fizesse as seguintes perguntas: estou investindo para alcançar meus objetivos financeiros mais importantes ou estou investindo para me divertir? Estou sendo realista ou estou me deixando levar pela fantasia?

Investir, certamente, é muito divertido enquanto estamos ganhando dinheiro. E é gostoso devanear de vez em quando sobre a possibilidade de enriquecer do jeito mais fácil. Mas isto não é Banco Imobiliário. É a vida real, onde lidamos com dinheiro de verdade e objetivos concretos. Quando esquecemos esse fato – quando confundimos investimento com entretenimento –, quase sempre acabamos tendo comportamentos indesejados.

Por isso, na próxima vez em que você se sentir tentado a "brincar na bolsa", esqueça essa ideia e vá ao cinema. Isso sim é diversão.

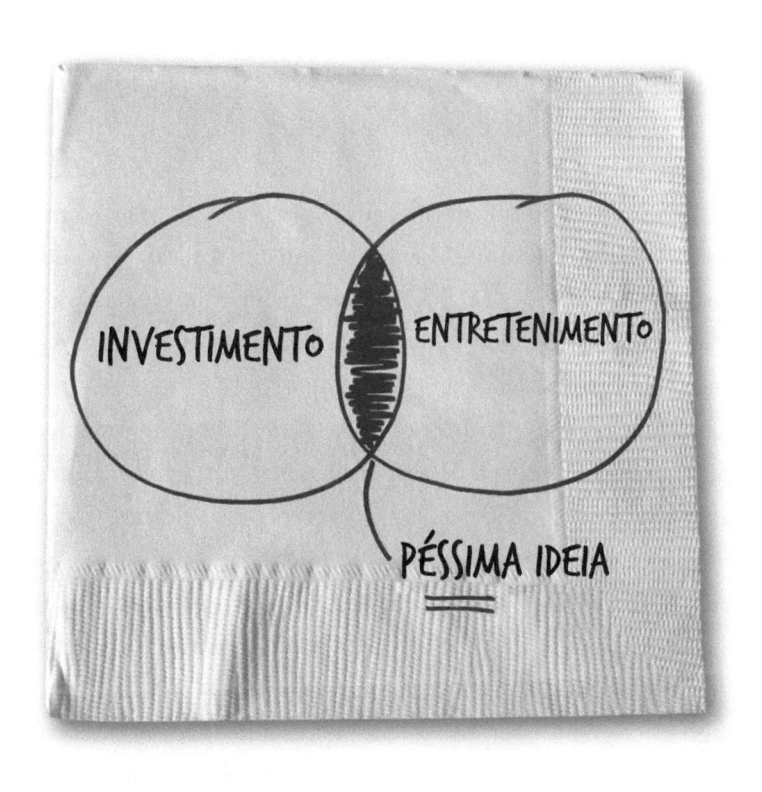

INVESTIMENTO — ENTRETENIMENTO

PÉSSIMA IDEIA

VOCÊ E SEU DINHEIRO

Choramingar não é uma estratégia financeira

Tenho quase certeza de que quanto mais reclamamos dos grandes bancos e de Wall Street, pior fica a nossa situação financeira pessoal.

Sei muito bem que certas pessoas e instituições dotadas de poder financeiro cometem atos descaradamente criminosos e merecem ser punidas. Mas o que você ganha por remoer a culpa delas? Não seria melhor dedicar essa energia a melhorar suas finanças?

Reclamar não ajuda em nada. Pode até nos fazer sentir melhor por um tempinho ou servir como tema de conversa em reuniões sociais. Mas também pode nos distrair da tarefa de identificar de que modo nós mesmos contribuímos para a situação que nos causa dor.

Sim, é doloroso admitir que somos parcialmente culpados por nossas perdas, mas é essencial tomar coragem e aceitar essa responsabilidade. Reconhecendo o nosso próprio papel no nosso sofrimento, podemos aprender com nossos erros. Se culparmos os outros, continuaremos fazendo as mesmas coisas e nos meteremos de novo na mesma encrenca.

As lamúrias às vezes refletem a crença equivocada de que algo ou alguém pode ou deve se apresentar para nos salvar das consequências das nossas ações. Essa crença pode nos levar a tomar atitudes arriscadas. E por que não fazê-lo? Afinal de contas, se começarmos a afundar, alguém nos resgatará.

Quando os amigos, a família ou o governo nos tiram de uma enrascada, tendemos a correr riscos ainda maiores. (É o problema do "risco moral" de que os economistas falam – numa época de grandes resgates promovidos pelo governo, as

VOCÊ É RESPONSÁVEL...

instituições financeiras correm mais riscos do que correriam numa situação normal.) Se as coisas derem errado novamente e ninguém vier nos resgatar, nós nos sentiremos traídos. Vamos culpar os outros e choramingar.

Não me entenda mal. Sei que, em certas situações, a culpa realmente é de outra pessoa. Sei que, em muitos casos de dificuldade financeira, a família, os amigos e o governo devem ajudar. Eu mesmo já recebi esse tipo de ajuda.

Em regra, no entanto, nada vai mudar até tomarmos a decisão consciente de assumir a responsabilidade por nossa situação financeira. Mesmo naqueles casos em que outra pessoa agiu mal, é melhor usar nossa energia para aprender as lições cabíveis e seguir em frente.

Lynnette Khalfani-Cox é autora de livros sobre finanças pessoais. Há dez anos, contudo, ela devia mais de 100 mil dólares em seus cartões de crédito. Estava sempre às voltas com cobradores e firmas de cobrança. A dívida não resultara de um problema de saúde ou da perda do emprego. Lynnette simplesmente gastava dinheiro demais nas coisas mais diversas, desde investimentos fundiários até cursos em instituições privadas. Ela diz que ganhava centenas de milhares de dólares, mas gastava como se ganhasse milhões.

Quando os cartões de crédito pararam de lhe emprestar dinheiro, ela chegou ao fundo do poço e decidiu mudar de conduta. Cortou radicalmente seus gastos e passou a usar todo o dinheiro que lhe sobrava para abater as dívidas. Duplicou, e depois triplicou, o pagamento mínimo nas faturas dos cartões. Conseguiu pagar 70 mil dólares em três anos; para quitar o restante, vendeu algumas terras.

VOCÊ E SEU DINHEIRO

Disse ela a um entrevistador: "O problema não são os cartões de crédito, somos nós."

Tudo mudou para Khalfani-Cox quando ela parou de se queixar das grandes empresas de cartão de crédito, aprendeu a dura lição e assumiu a responsabilidade por seus atos.

Parece virtuoso, mas não muda nada

Para alcançarmos nossos objetivos, temos de examinar cuidadosamente aquelas coisas que *dão a impressão* de estar nos ajudando. Muitas vezes, na busca do sucesso financeiro, nos prendemos a tarefas que, na realidade, nos ajudam muito pouco. Por quê? Talvez porque elas nos proporcionem uma desculpa para ignorar as questões mais importantes que terão maior impacto.

Num dia nublado, no inverno passado, desviei-me bastante do meu caminho para comprar gasolina barata no atacadista Costco. Eu não precisava de um fardo de papel higiênico nem de 50 litros de leite, somente de gasolina.

Enquanto dirigia, comecei a pensar na tendência das pessoas de focar certos modos de fazer economia e ignorar outros. A velha ideia de importar-se demasiado com ninharias e, no entanto, esbanjar grandes quantias realmente procede. Se eu economizasse 10 centavos por litro para encher um tanque de 20 litros, minha economia seria de 2 dólares. Esses 2 dólares mal cobrem a gasolina a mais que gastei para chegar ao posto, sem mencionar o tempo perdido e o transtorno de enfrentar o trânsito.

As falsas economias representam um problema bastante comum para certas pessoas. Veja se você reconhece algum destes exemplos:

VOCÊ É RESPONSÁVEL...

ATRAVESSAR A CIDADE PARA COMPRAR GASOLINA MAIS BARATA?

[Gráfico de barras: uma barra alta rotulada "QUANTIA GASTA PARA IR AO COSTCO COMPRAR SOMENTE GASOLINA" e uma barra baixa rotulada "QUANTIA ECONOMIZADA ABASTECENDO NO COSTCO"]

Declarar você mesmo o seu imposto de renda para economizar alguns trocados. É possível que você deixe passar em branco deduções potencialmente maiores. Do mesmo modo, não terá um relatório organizado e pormenorizado das suas finanças naquele ano fiscal.

Comprar um carro que economize gasolina. A Lexus fabrica um híbrido que faz uns 2 quilômetros a mais por litro de gasolina, mas custa cerca de 30 mil dólares a mais que o modelo convencional. Meu amigo Barry Ritholtz, autor de *Bailout Nation*, chamou atenção para uma reportagem da revista *Barron's* sobre o híbrido. Segundo a *Barron's*, se 1 litro de gasolina custar 1 dólar, será preciso rodar cerca de 25 mil quilômetros por ano durante duzentos anos para cobrir o custo extra desse carro.

Tomar decisões sobre investimentos em razão de questões tributárias. Um amigo meu trabalhava para a Oracle durante a bolha de tecnologia do final de 1999 e começo de

VOCÊ E SEU DINHEIRO

2000. Certa vez, estávamos almoçando quando ele me falou que queria comprar duas motos para neve. Não tinha dinheiro vivo porque todo o seu patrimônio estava investido nas ações da Oracle, que tinham se valorizado muito. Ele não queria vender as ações porque não estava disposto a pagar o tributo de 20 por cento sobre ganhos de capital. A subsequente queda do valor das ações da Oracle (que despencaram cerca de 50 por cento) resolveu esse problema para ele.

As grandes instituições cometem erros semelhantes. Numa ocasião, o Ministério da Fazenda dos Estados Unidos destacou dois fiscais para cobrar 4 centavos de impostos atrasados. Pode ser que eles estivessem tentando mostrar que são, de fato, muito severos. Mas mesmo assim...

É claro que vale a pena abastecer no Costco quando já estou lá para comprar papel higiênico. Em alguns casos é sensato declarar o próprio imposto de renda, e certas pessoas têm motivos sólidos para adquirir um híbrido da Lexus. O que quero dizer é que, ao tomar decisões financeiras, temos de privilegiar as coisas que realmente importam.

Você tem a responsabilidade, mas não tem o controle

Ao pensar nisso, não deixe de levar em conta o contexto maior do seu comportamento. Uma única ação pode ter consequências financeiras amplas que não sejam imediatamente perceptíveis. Digamos, por exemplo, que você decida abrir seu próprio negócio. Sua filha trabalha na firma durante o verão e acaba virando a gerente. Não sei se isso é bom ou ruim – mas certamente não fazia parte do plano original.

Você põe a sua filha para estudar em Harvard porque acha que convém fazer um bom investimento no futuro financeiro

VOCÊ É RESPONSÁVEL...

dela. Ela, por sua vez (que Deus a abençoe!), decide dar aula num colégio de ensino médio na periferia em troca de 19 mil dólares por ano. Provavelmente não era esse o resultado que você esperava. Talvez seja o *melhor* resultado, mas não é disso que estamos falando.

Entendeu? *Mesmo quando toma decisões sensatas,* você não tem tudo sob controle. Por isso, não tome decisões com base em motivos puramente financeiros. Tome decisões compatíveis com suas noções de virtude, sabedoria e bom-senso.

E lembre-se: você é responsável pelo seu comportamento – mas não pode controlar os resultados.

QUANDO FALAMOS SOBRE DINHEIRO

VOCÊ E SEU DINHEIRO

AS CONVERSAS sobre dinheiro muitas vezes nos deixam confusos, com raiva ou com a sensação de não termos sido compreendidos. Por quê?

Um dos motivos é que usamos o dinheiro como substituto de questões mais profundas que não queremos discutir. Um exemplo óbvio: digo que não tenho dinheiro para comprar certo produto, mas na verdade estou com medo do futuro ou acho, lá no fundo, que não mereço ter as coisas que quero.

É muito mais fácil falar desses assuntos do que encarar e reconhecer os nossos sentimentos. Então, falamos (ou discutimos) sobre aquela jaqueta de couro cara ou sobre a viagem à praia, quando o que estamos sentindo é muito mais profundo e muito, mais muito mais interessante.

O dinheiro, como a religião e a política (outros assuntos difíceis de conversar), suscita sentimentos incômodos. Às vezes nos sentimos culpados por gastar dinheiro, às vezes isso nos satisfaz imensamente – e de vez em quando as duas coisas acontecem ao mesmo tempo. Usamos o dinheiro para criar uma sensação de segurança: se tenho dinheiro suficiente na minha conta de previdência privada, posso respirar. Há quem use o dinheiro para controlar seus entes queridos; outros têm um histórico de ser controlados por quem tem dinheiro.

Quando alguém diz que "o dinheiro não é importante", geralmente está errado. O dinheiro cria em nós sentimentos profundos, complexos – e, às vezes, bastante confusos. Não é de admirar que o tempo feche quando começamos a falar de dinheiro. Esse assunto divide os casais, as famílias, os amigos, as comunidades – até os países.

As conversas sobre dinheiro também se complicam pelo fato de pouca gente ter um conhecimento sólido a respeito de

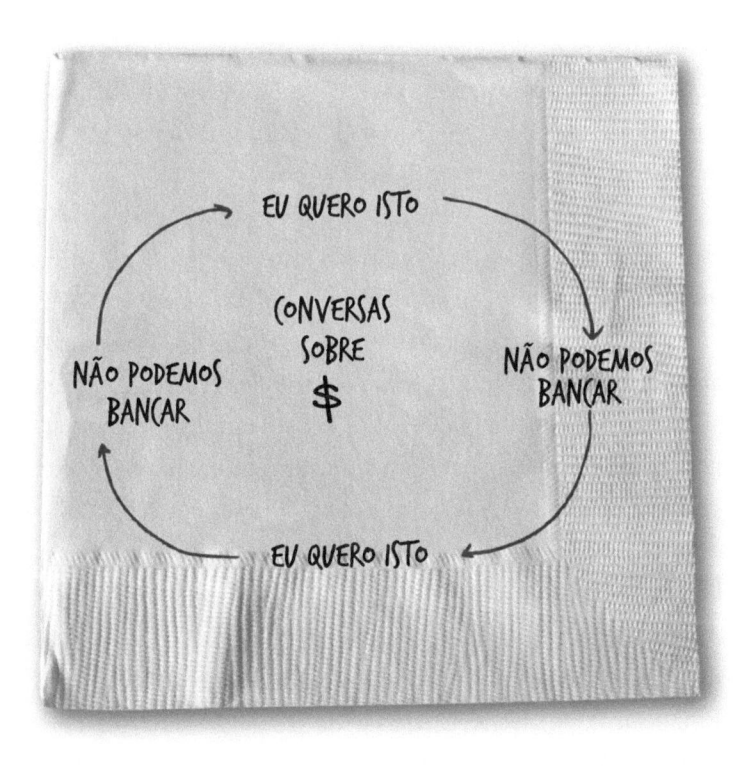

```
         EU QUERO ISTO
      ↗                ↘
              CONVERSAS
               SOBRE
NÃO PODEMOS     $      NÃO PODEMOS
  BANCAR                 BANCAR
      ↖                ↙
         EU QUERO ISTO
```

investimentos e finanças pessoais. Hoje, escolher um empréstimo imobiliário ou mesmo um cartão de crédito é um assunto complexo. Poucos estão qualificados para decidir entre os diversos produtos oferecidos. O mesmo vale para os investimentos.

Tudo isso é muito assustador, e temos a tendência natural de evitar o que não compreendemos. Além disso, nosso cérebro foi programado para nos fazer lutar ou fugir em situações confusas. É por isso que evitamos o assunto "dinheiro" – ou brigamos quando falamos dele.

O dinheiro é um assunto importante demais para ser evitado, e brigar não ajuda em nada. Precisamos desenvolver uma compreensão mais profunda de qual é o tema verdadeiro em discussão quando falamos sobre dinheiro. Precisamos, além disso, de uma linguagem mais simples. Temos de desenvolver um modo mais direto de representar os conceitos e princípios para podermos entender uns aos outros quando tivermos essas conversas.

Do que vale a pena falar

Algum tempo atrás, compareci à conferência nacional da Financial Planning Association (Associação de Planejamento Financeiro), em Denver. Apesar de trabalhar no setor havia mais de 15 anos, eu nunca tinha ido a essa conferência e não sabia o que esperar dela. Achei que fosse encontrar um monte de gente de calculadora em punho, discutindo obscuros conceitos financeiros. Em lugar disso, eu me surpreendi ao conhecer um grupo de pessoas incríveis que travavam conversas significativas sobre o papel do dinheiro na nossa vida e sobre como ajudar os cidadãos a lidar com a complexidade.

QUANDO FALAMOS SOBRE DINHEIRO

No fim da conferência, eu me dei conta de quanto as conversas significativas são capazes de afetar o nosso comportamento. Embora quase todos tenhamos crescido com a ideia de que é falta de educação falar sobre dinheiro, em toda parte vejo que as pessoas estão começando a fazer exatamente isso. Formulam perguntas nunca antes formuladas e repensam pressupostos há muito tidos como verdades absolutas. Essas perguntas se referem a assuntos amplos, como a confiança, a felicidade e a definição de "suficiente". Referem-se também a questões específicas, como a definição de risco e certos pressupostos fundamentais sobre a bolsa de valores.

DECISÕES DE QUALIDADE

CONVERSAS INCRÍVEIS

São perguntas que deveríamos estar fazendo há muito tempo. Cada vez mais se reconhece que as grandes conversas sobre dinheiro são, na verdade, conversas incríveis sobre a vida. Inclui-se aí o reconhecimento de que a abordagem tradicional das firmas de serviços financeiros pode produzir decisões de má qualidade. Economizar, preparar o orçamento, in-

VOCÊ E SEU DINHEIRO

vestir, programar os impostos, fazer seguros, administrar o patrimônio – tudo isso deve estar ligado ao contexto maior da sua vida, dos seus objetivos e dos seus valores.

Na minha opinião, uma das coisas mais importantes que devo fazer quando me vejo diante de uma decisão financeira é conversar com alguém de confiança: um amigo, um familiar ou um consultor pago.

Comece a conversar com pessoas de confiança sobre as questões que lhe importam.

Que papel o dinheiro desempenha na sua vida?

O que precisa acontecer nos próximos anos para que você sinta que está fazendo progresso?

Quais os erros que você cometeu com seu dinheiro no passado e que gostaria de evitar no futuro?

Muitas conversas financeiras giram em torno de encontrar o melhor investimento ou o melhor seguro de vida.

Tente conversar sobre o que importa para você.

Ele diz e ela diz

Para tomarmos boas decisões financeiras, devemos pensá-las dentro do contexto geral da nossa vida. Para tanto, temos de levar em conta nossa história pessoal, nossos medos, nossos desejos, nossos dons e nossas limitações.

Na próxima vez em que se vir metido numa discussão sobre dinheiro que mexa com suas emoções e pareça uma reprise de mil discussões anteriores, dê um passo atrás e se pergunte se o tema da discussão é mesmo o dinheiro. O que você está sentindo? É capaz de falar sobre isso?

Há pouco, recebi um *e-mail* de um amigo em que ele punha em evidência essa questão. Admitiu que evita conversar

QUANDO FALAMOS SOBRE DINHEIRO

sobre dinheiro com a esposa porque sente que não tem um bom plano financeiro. Por isso as conversas sobre dinheiro são tensas.

Para meu amigo e sua esposa, a ausência de um plano financeiro se tornou um elefante na sala. Eles sabem que "o elefante", isto é, a questão, está lá – mas evitam tocar no assunto.

Isso acontece com muita gente. Essas pessoas se preocupam com o dinheiro, mas não sabem o que fazer a respeito. Nesse caso, para que conversar?

Ora, se você não falar sobre o assunto, nada acontecerá. Aliás, minto: as coisas vão piorar.

É claro que, quando surge o assunto dinheiro, tudo se complica – pelo menos por certo tempo. Para começar, as pessoas têm pontos de vista diferentes sobre os assuntos financeiros. Nossa criação, nossas experiências, nossa educação e nossa personalidade afetam o modo como falamos e pensamos sobre dinheiro. Todos entramos nessas conversas com certa bagagem.

Eu, ao contrário do meu amigo, não evito conversas sobre dinheiro. Tendo a falar do assunto até quando não devo.

Um belo dia, minha esposa me contou que uma amiga sua havia acabado de reformar a cozinha. Enquanto ela me explicava todas as alterações, comecei a fazer uma aritmética mental que logo produziu como resultado uma grande quantia em dólares. Em vez de ter uma conversa divertida sobre por que minha esposa gostava daquela cozinha e o que mais apreciava nela, respondi com um típico "não temos dinheiro para isso".

Minha esposa me encarou, confusa, e disse: "Do que você está falando?"

```
        ELA
        DIZ
              ↓
EU OUÇO   CONVERSAS   EU OUÇO
   $        SOBRE        $
              $
              
        ELA
        DIZ
```

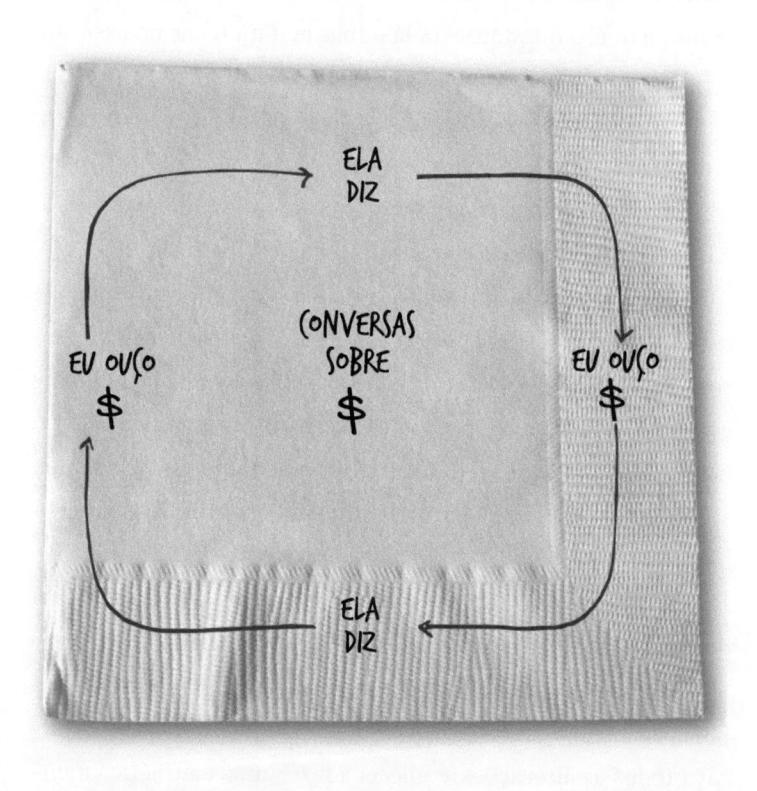

QUANDO FALAMOS SOBRE DINHEIRO

Mesmo depois de 15 anos de casamento, ainda não aprendi que, quando minha esposa fala sobre uma cozinha nova, isso não significa necessariamente que ela queira reformar a *nossa* cozinha. Estava simplesmente falando sobre um assunto que lhe interessava e pelo qual pensava que eu poderia me interessar.

Essa não foi essa a primeira vez que cometi o erro de supor que minha mulher estivesse falando sobre dinheiro quando, na verdade, estava simplesmente falando da vida. Toda vez que ela menciona que um amigo está planejando viajar para o Havaí com a família, imediatamente começo a calcular o custo de tal viagem. Do mesmo modo, uma conversa sobre a faculdade na qual um colega vai matricular a filha me faz pensar em dinheiro.

O que entendi como uma mensagem cifrada que significava "quero uma cozinha nova" era somente um comentário da minha mulher sobre algo de que ela gostava. Quantas vezes a mesma coisa não aconteceu entre você e a sua companheira ou companheiro?

Provavelmente, jamais deixarei de fazer cálculos mentais enquanto estiver batendo papo com a minha esposa; mas, se eu conseguir me lembrar de que 99 por cento das vezes ela está apenas falando de assuntos que lhe interessam, minha ansiedade financeira vai diminuir.

Não é uma questão de saber quem está certo e quem está errado. É uma oportunidade para reconhecermos que não temos o direito de impor a outras pessoas nossas expectativas e pontos de vista sobre o dinheiro.

Talvez você ache que o elefante na sala é cor-de-rosa, enquanto sua esposa diz que ele é verde. Mas vocês, mesmo assim, precisam conversar sobre ele.

VOCÊ E SEU DINHEIRO

Você e eu, nós somos diferentes

Minha premissa de que cada um tem um jeito diferente de pensar e de falar sobre dinheiro incomoda algumas pessoas – mas essas diferenças existem. Não estou dizendo que os homens falam de dinheiro de um jeito e as mulheres, de outro. Nem de longe é tão simples.

Mas digo o seguinte: as conversas financeiras entre casais são adversamente afetadas pelas diferenças entre eles, algumas das quais têm relação com o gênero. (Será que essas diferenças são universais? Serão causadas pela natureza ou pela criação? Não sei, mas elas parecem existir em certas circunstâncias.)

É perigoso fingir que todos somos iguais. O desconhecimento das nossas diferenças pode causar frustração e ansiedade e até acabar com relacionamentos.

Uma conhecida minha se casou no começo do ano. Seu marido tinha um emprego e ela própria conseguiu um emprego novo logo após o casamento. Além disso, eles obtiveram um bom financiamento para comprar uma casa.

Com um mês de casados, o marido perdeu o emprego. A esposa, a princípio, não se preocupou. Ele parecia confiante de que encontraria outro emprego e de fato, de vez em quando, pegava alguns serviços curtos para fazer. Nenhum deles, contudo, durou mais de duas semanas. Pior: ele dava a impressão de não estar se esforçando para encontrar algo mais permanente.

A esposa ficou preocupada e começou a procurar um segundo emprego para melhorar a renda do casal. A reação dele: "Por que você está tão preocupada? Logo vou arranjar alguma coisa."

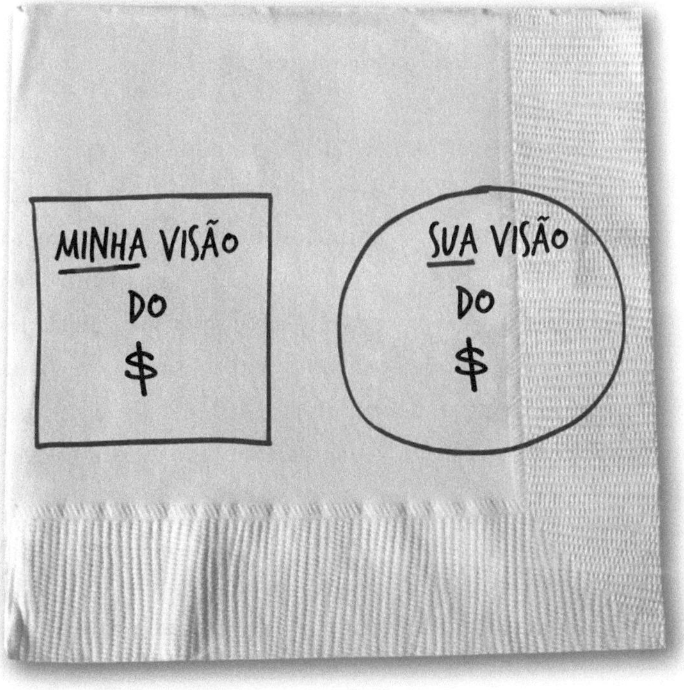
MINHA VISÃO
DO
$
SUA VISÃO
DO
$

VOCÊ E SEU DINHEIRO

Seis meses depois, a esposa está correndo o risco de perder o *seu* emprego e o marido ainda não arranjou nada. Segundo ela, ele está esperando o emprego perfeito. Ele, por sua vez, lhe garante que a situação está sob controle.

O casal também diverge no que se refere às dívidas. Ela foi criada para evitar ao máximo toda dívida – não comprar carros novos, não criar dependência do cartão de crédito –, ao passo que ele foi criado numa família mais liberal em relação aos gastos.

Toda vez que a esposa manifesta preocupação com a situação financeira deles, o marido insiste em que está tudo bem.

Quem tem razão? Na prática, a maioria dos argumentos favorece a esposa – a situação financeira do casal exige atenção –, mas não é disso que estou falando. Interessa-me mais o fato de duas pessoas que se amam terem duas maneiras muito diferentes de ver uma mesma situação. A esposa é bem pragmática, até um pouco rígida, nas questões financeiras. O marido é mais tranquilo, talvez um pouco imprudente, quanto a esses assuntos. Assim, nenhum dos dois ouve o que o outro diz e eles não fazem progresso nenhum.

Quando o assunto é dinheiro, todos nós trazemos à tona nossos vieses pessoais. Precisamos escutar com muita atenção – talvez com mais atenção que em qualquer outra situação – para entender o que está motivando o nosso companheiro.

Ao mesmo tempo, precisamos ter ciência dos nossos vieses e encontrar uma linguagem capaz de comunicar as nossas necessidades e sentimentos a respeito do dinheiro.

É claro que esse tipo de trabalho também pode nos preparar para ter conversas produtivas sobre outros assuntos. O que estou dizendo é que a compaixão e a franqueza são instrumentos poderosos nos relacionamentos. A prática dessas virtudes pode representar um grande investimento em nosso futuro financeiro comum.

Eu estou bem, e você?

As pessoas tendem a pensar que, caso sigam uma lista de dicas financeiras, vão se sentir mais seguras. A realidade é que aquilo que nos dá sensação de segurança depende do nosso histórico familiar, da nossa educação, da nossa experiência de trabalho e dos nossos sentimentos gerais a respeito do risco.

Isso é demonstrado por uma conversa sobre segurança financeira que já ouvi muitas vezes. Trata-se do debate entre quem quer investir mais e quem quer pagar parte da hipoteca.

Um dos cônjuges diz: "Precisamos comprar aquelas ações." O outro responde: "Quero abater o valor da hipoteca." Essas conversas (que rapidamente degeneram em discussão) tendem a se tornar mais urgentes em época de dificuldades financeiras – e podem causar tensão nos relacionamentos.

Felizmente, vocês podem evitar as piores brigas e até aprender um pouco mais um sobre o outro. Para isso, porém, precisam saber ouvir. Quando você escutar a frase "quero pagar parte da hipoteca" ou "quero comprar mais ações", pare um pouco e diga: "Me ajude a compreender por que é importante fazermos isso."

Essas conversas nunca são fáceis e se tornam mais complicadas para aqueles casais que sabem pouco sobre assuntos financeiros. São mais difíceis ainda para as pessoas que foram ensinadas a não conversar sobre dinheiro. Caso você se inclua

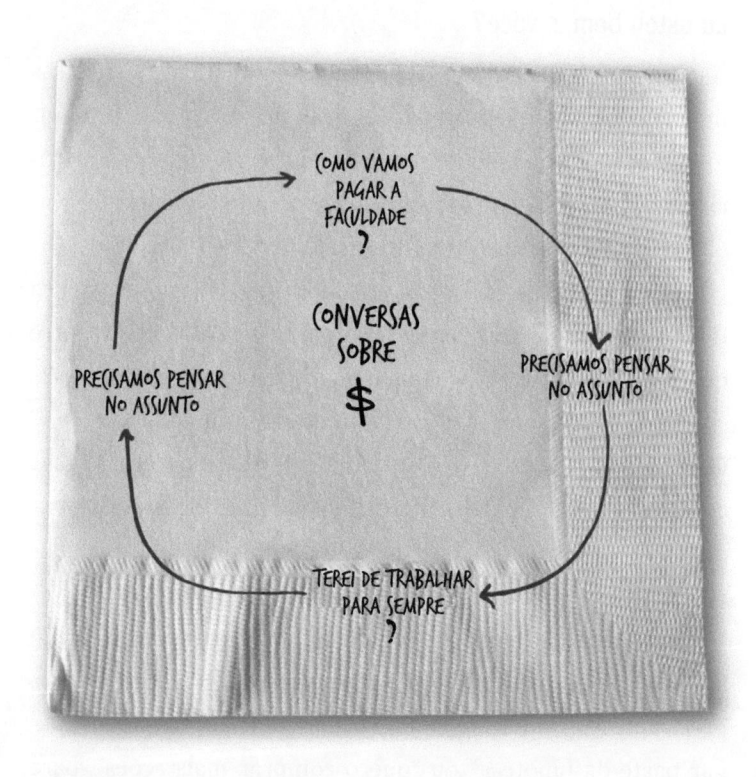

```
        COMO VAMOS
         PAGAR A
        FACULDADE
            ?

         CONVERSAS
          SOBRE
PRECISAMOS PENSAR    $    PRECISAMOS PENSAR
   NO ASSUNTO                 NO ASSUNTO


         TEREI DE TRABALHAR
           PARA SEMPRE
               ?
```

nesse grupo, sentirá que é especialmente incômodo travar conversas detalhadas sobre as coisas que criam em você a sensação de segurança financeira.

Às vezes, para encontrar a solução, basta examinar os números – quanto vocês precisam economizar, quando planejam se aposentar e assim por diante.

Mas você mesmo deve saber, por experiência pessoal, que nem sempre as coisas que nos dão sensação de segurança são compatíveis com os números. Repito: os casais devem falar abertamente sobre o que os preocupa e o que os alivia.

Conflitos de geração

A maioria das conversas entre pais e filhos sobre dinheiro segue mais ou menos esta linha:

Pai: *Não temos dinheiro para isso.*

Filho: *Ah, pai, por favor...*

E assim por diante.

Acho que o medo nos impede de ter conversas mais profundas sobre dinheiro com os nossos filhos. Ficamos preocupados com a possibilidade de que essas discussões os entristeçam ou confundam. Às vezes, não sabemos o que dizer. É possível, além disso, que evitemos essas conversas por hábito ou em obediência a normas culturais ou tradições familiares.

Não há dúvida de que é preciso cuidado nessas conversas, mas também é certo que elas são necessárias.

Essa questão é evidenciada pela experiência que um amigo teve há pouco tempo com seu filho mais velho. Meu amigo e sua esposa sempre acreditaram na importância de ensinar aos filhos que o poder aquisitivo da família era limitado. Como muitos outros, eles defendiam suas ideias recorrendo ao chavão "não temos dinheiro para isso" a cada vez que seus filhos lhes pediam alguma coisa.

A certa altura, o filho do meu amigo, de 14 anos, lhe fez uma pergunta: "Pai, numa escala de um a dez, onde um é um sem-teto e dez é o Bill Gates, quanto dinheiro nós temos?"

Quando eles discutiram a situação, ficou claro que o filho não estava fazendo essa pergunta porque queria ter mais coisas, mas porque estava realmente preocupado com a situação da família.

Meu amigo assegurou ao filho que ele não tinha nada com que se preocupar, mas explicou que os recursos da família não eram ilimitados. Deveriam gastar com coisas que realmente têm valor e evitar comprar aquilo que não é importante.

Tudo bem. Faz sentido.

Muitas vezes, as crianças sabem mais do que supomos. Pressentem a ansiedade, mesmo que não a correlacionem diretamente com o dinheiro. Quando não lhes comunicamos claramente nossas intenções, podemos assustá-las.

"Não temos dinheiro para isso" não é o mesmo que "Preferimos usar nosso dinheiro para algo mais importante". A segunda declaração muda o teor do debate de "Somos pobres?" para "O que é mais importante para a nossa família?".

Uma excelente pergunta.

10.

SIMPLES, NÃO FÁCIL

VOCÊ E SEU DINHEIRO

PODEMOS até dizer que queremos a simplicidade, mas tendemos a escolher a complexidade.

Por que a contradição? Ficamos presos entre duas narrativas rivais. Na primeira narrativa, dizemos a nós mesmos que queremos simplificar, simplificar, simplificar. Na segunda, afirmamos que toda solução para um problema importante tem de ser complexa.

Lá no fundo, todos nós compreendemos que a simplicidade é a forma suprema da sofisticação. Eu, como alpinista, gosto de ler sobre as façanhas dos outros alpinistas. Os alpinistas mais admirados são pessoas como Ed Viesturs e Steve House, que compreendem não só o valor como também a beleza da simplicidade. Escalam as maiores e mais assustadoras montanhas levando somente o que conseguem carregar nas costas – um progresso tremendo em relação às antigas expedições que montavam cerco ao pico com um exército de carregadores e pilhas e pilhas de equipamento.

A simplicidade é ao mesmo tempo bela e funcional. No entanto, as pessoas se decepcionam quando proponho uma solução simples aos seus problemas de investimento ou de planejamento financeiro. Tais soluções podem muitas vezes se resumir a um cálculo elementar feito num guardanapo. Quem se preocupa com dinheiro, todavia, tende a encontrar mais conforto num calhamaço de sessenta páginas repleto de tabelas, gráficos, listas numeradas e cálculos complexos.

A tendência de buscar conforto na complexidade se manifesta até nos consultórios médicos. Um médico amigo me conta que os pacientes frequentemente se decepcionam quando ele oferece uma prescrição relativamente simples: "Vá para casa e descanse um pouco", ou "Pare de fumar e coma alimentos de melhor qualidade". Alguns pacientes chegam em busca de um diagnóstico que exija um tratamento profissional (*Quem sabe eu faço uma cirurgia!*). Não acreditam – e se decepcionam ao saber – que seu problema de saúde tem uma solução simples.

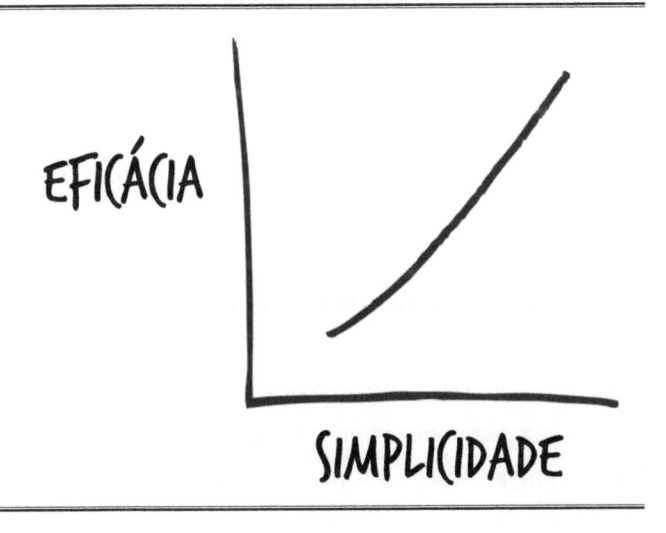

EFICÁCIA

SIMPLICIDADE

Por que a decepção? Você provavelmente já adivinhou a resposta: resistimos às soluções simples porque elas exigem de nós uma mudança de comportamento.

Assim, gastamos 40 bilhões de dólares por ano em programas e produtos de redução de peso em vez de adotar aquela abordagem simples que depende das ações de cada um: consumir menos calorias, queimar mais calorias fazendo exercício – ou as duas coisas. Preferimos sair em busca de um remédio mágico, algo que nos poupe da árdua rotina de simplesmente fazer o que é necessário.

VOCÊ E SEU DINHEIRO

Li um artigo da Reuters sobre uma família que conseguiu pagar a faculdade dos filhos sem se endividar. Para tanto, com uma renda modesta, dirigiram o mesmo carro durante dez anos e guardaram dinheiro todo mês. O autor pergunta: "Será este um conto de fadas?"

Quem responder "sim" a essa pergunta terá esquecido os princípios básicos do sucesso financeiro. Economizar dinheiro, evitar investimentos especulativos e repetir indefinidamente esse processo pode não ser atraente, mas funciona.

A atração pela complexidade distorce o modo pelo qual abordamos nossos objetivos financeiros. As opções simples que mais podem influenciar nosso sucesso financeiro exigem disciplina, paciência e trabalho duro. Exigem que esses fundamentos básicos sejam aplicados sistematicamente durante anos e anos. É muito mais fácil nos deixarmos levar pela fantasia de um investimento que nos garanta um retorno fantástico do que economizar um pouquinho mais a cada mês. No fim, porém, a fantasia nos decepcionará.

O trabalho cumprirá o que promete.

A gratificação pode provocar dor

Há alguns anos, a Amazon.com criou um programa de envio chamado Amazon Prime. Por determinado valor mensal, os consumidores podiam ter todos os seus pedidos entregues de graça em dois dias.

A *Business Week* declarou: "O Amazon Prime talvez seja o programa mais engenhoso e eficaz para garantir a lealdade do consumidor em todo o comércio eletrônico, se não no comércio em geral." O programa convertia os consumidores

SIMPLES, NÃO FÁCIL

ocasionais, "que saboreiam a gratificação de receber sem falta as suas compras dois dias depois do pedido, em compradores assíduos".

Não me esqueci daquela expressão: "saboreiam a gratificação".

Numa época mais recente, li um artigo da *Newsweek* onde se dizia que os americanos estavam voltando a consumir, quer tivessem dinheiro, quer não. Meros dois anos antes disso, a mídia alardeava que toda uma geração havia mudado seus hábitos e ideais de consumo em razão da turbulência econômica pela qual passara. Os dados concretos, no entanto, indicam que muitos já não se lembram de como se sentiam quando estavam à beira do abismo.

[Gráfico: eixo vertical "PROBLEMAS FINANCEIROS", eixo horizontal "GRATIFICAÇÃO INSTANTÂNEA", com curva crescente.]

VOCÊ E SEU DINHEIRO

Todos nós sabemos que é muito difícil descartar velhos hábitos, e em nada isso é tão verdadeiro quanto nos hábitos de gastar. Eles são dificílimos de mudar.

Impressiona-me a frequência com que encontro a expressão "consumidores norte-americanos" em minhas leituras casuais. Parece que, a certa altura, deixamos de ser simples cidadãos e nos tornamos consumidores. Ao longo dessa trajetória, compramos a ideia de que as compras nos fazem felizes e de que nossos gastos são essenciais para moldar nossa identidade humana. Chegam a nos dizer que, por patriotismo, precisamos gastar mais a fim de movimentar a economia.

Eu, pessoalmente, acho que a economia se beneficiará mais se gastarmos com mais cuidado.

Você e sua família também se beneficiarão. Na década de 1960, pesquisadores da Universidade de Stanford iniciaram uma pesquisa que durou mais de dez anos. Seu objetivo era examinar nossa capacidade de adiar a gratificação. Constatou-se que as pessoas que aprenderam a adiar a satisfação de seus desejos em vez de satisfazê-los imediatamente são mais bem-sucedidas que as que não o aprenderam.

Você talvez diga, a título de objeção, que é tedioso fazer orçamentos. Mas tem de admitir que o sucesso é divertido. Nesse caso, o que fazer para conservar mais dinheiro na carteira?

Estabeleça um período de espera obrigatório. Antes de comprar alguma coisa, faça uma pausa. Acrescente-a a uma lista e deixe-a quietinha ali durante três dias. Depois, reexamine a lista.

É incrível quanto algo sem o qual não poderíamos viver perde quase todo o interesse depois de três dias. Para mim, isso é especialmente verdadeiro no que se refere aos livros. Quando me inscrevi no Amazon Prime, rapidamente acumulei uma pilha de livros que nunca comecei a ler.

Agora uso a lista de desejos ou o carrinho de compras da Amazon e deixo os itens de molho. Tenho uma imensa lista de livros na minha lista de desejos que nunca cheguei a encomendar e, no entanto, o mundo não acabou.

Faça um jejum de compras por algumas semanas. Veja por quanto tempo você consegue ficar sem gastar dinheiro com nada que não seja indispensável.

Para mim, isso começou quando eu lançava todas as minhas transações manualmente no Quicken*. Cansei-me de lançar tantas transações e tentei reduzir o número de compras.

De um jeito meio doido, isto pode ser divertido. Veja qual é o número mínimo de transações que você é capaz de fazer num período de trinta dias. Caso use um cartão de débito ou de crédito, tente tornar o seu extrato mensal o mais curto possível.

Monitore seus gastos. *Monitore seus gastos.* Sei que você está cansado de tanto ouvir esta sugestão, mas é necessário medir e monitorar os gastos. (Use um software como o Quicken ou o Mint.) Tudo o que é medido quase sempre melhora.

Estabeleça um preço para seus objetivos. Você tem ideia de quanto vai custar mandar seu filho para a faculdade? Quanto isso é importante para você? Será mais importante que ter uma TV de plasma hoje?

Leve os impostos em conta. Se os impostos federais, estaduais e municipais engolem 35 por cento da sua renda, você

---

* Um software de orçamento e finanças pessoais. (N. do T.)

VOCÊ E SEU DINHEIRO

precisa ganhar cerca de 300 dólares para ter 200 dólares líquidos para uso. Verifique em qual faixa tributária você se encaixa e faça as contas toda vez que for comprar algo. Quando se der conta de que tem que ganhar 300 dólares para pagar aquela refeição de 200 dólares, é possível que você comece a gastar com mais cuidado.

Pense em quanto você ganharia se investisse o dinheiro em vez de gastá-lo. Digamos que você gaste 600 dólares numa viagem de fim de semana para esquiar. Suponhamos que você tenha tido de ganhar 900 dólares, brutos, para pagar essa viagem. E se você aplicasse esses 900 dólares num investimento de baixa tributação? Não pare de esquiar – Deus nos livre! –, mas faça algumas viagens a menos para poder rechear melhor a sua conta de aposentadoria.

São ideias simples, mas exigem disciplina.

Simples, mas não fáceis.

O segredo

Há alguns anos, tive uma conversa interessante com um homem que conseguira transformar uma herança relativamente pequena num patrimônio bem grande. Hoje, ele passa o tempo pescando nos riachos de sua fazenda em Utah, surfando no Havaí e fazendo outras coisas desse tipo.

Ele veio me visitar em meu escritório num dia em que nevava em Utah; usava calça jeans e uma jaqueta acolchoada, sua vestimenta típica de inverno. No decorrer da nossa conversa, perguntei-lhe qual era o seu segredo. Como conseguira alcançar tamanho sucesso financeiro?

Ele me olhou com um jeito confuso. Daí a pouco, disse: "Desculpe. Não entendi a sua pergunta."

SIMPLES, NÃO FÁCIL

Eu disse que o que ele conseguira fazer era muito incomum. Achava que ele tivesse algum segredo que pudesse me contar.

Sua resposta: "Carl, simplesmente fui comprando as coisas e pagando por elas ao longo de trinta anos."

A realidade é que não existe segredo nenhum. Somente coisas simples, como gastar menos do que se ganha, economizar algum dinheiro para um momento de necessidade, liquidar as dívidas e ficar longe das grandes perdas. Só isso.

Simples e sem graça. Mas nada fácil.

Capital lento e constante

Todos nós conhecemos a moral da fábula da lebre e da tartaruga. Devagar se vai ao longe.

É fácil esquecer esse mantra quando a maior parte do que se lê na imprensa financeira é escrito para vender revistas ou gerar visitas a *sites* da internet. A lentidão e a constância não vendem revistas nem atraem ninguém para os *sites*.

Já vi em primeira mão os danos que os investidores infligem a si próprios quando correm atrás de investimentos "quentes". Por isso me interesso profundamente pela ideia de investir devagar e com constância. Adoro o termo "capital lento", que ouvi pela primeira vez da boca de Fred Wilson, que investe em novas empresas. Eu acrescentaria a palavra "constante".

O capital lento e constante se ocupa muito mais de evitar grandes perdas que de correr atrás do grande investimento do momento. Agir devagar e com constância significa estar disposto a trocar a oportunidade de ganhar muito pela segurança de nunca perder demais.

DEVAGAR CONSTANTE

ACABA JUNTANDO MAIS DINHEIRO QUE O
SEU CUNHADO, QUE ESTÁ SEMPRE CORRENDO
ATRÁS DO "PRÓXIMO GOOGLE"

SIMPLES, NÃO FÁCIL

O capital lento e constante permite que você viva. Se você aceitar o fato de que devagar se vai ao longe e encontrar um jeito de investir dessa maneira, poderá se desligar de todo o ruído de Wall Street.

Um cliente meu trabalhava num hospital que dava fundos para algumas das melhores trilhas de corrida do país. Os médicos competiam entre si para trabalhar ali, de tão bonito que era o lugar. Meu cliente não sabia se ria ou chorava quando saía para correr nas montanhas atrás do hospital durante o horário de almoço. A caminho da porta, via os outros médicos – muitos dos quais também eram corredores – amontoados em torno de um aparelho de televisão sintonizado na CNBC, como se Jim Cramer estivesse prestes a revelar o segredo da riqueza infinita. O capital lento e constante permite que você ignore esse ruído e saia para correr nas trilhas.

O capital lento e constante sabe que o objetivo dos investimentos é acumular o capital necessário para financiar seus objetivos mais importantes. Se o seu objetivo for ter um assunto para conversar na próxima festa da vizinhança, tente alguma outra coisa.

Agir devagar e com constância não é fácil. Sempre dá a impressão de que alguém vai enriquecer rapidamente. Mas, se você analisar essas histórias, descobrirá o que está por trás delas.

Há pouco tempo, tive uma conversa com um possível cliente que me contou que obtivera muito sucesso com uma estratégia agressiva de compra e venda de títulos. Ouvi essa mesma história várias vezes ao longo dos anos, vezes suficientes para saber que nossa memória é curta e seletiva. Às vezes, bastam umas poucas transações vencedoras para esquecermos as perdedoras.

VOCÊ E SEU DINHEIRO

Era o caso dessa pessoa. É verdade que, para aquele possível cliente, tudo tinha ido muito bem nos meses anteriores. Mas ele perdera 50 por cento de suas economias quando o mercado despencara em 2008 – ou seja, o crescimento se dera sobre uma base de capital muito menor. No conjunto, o histórico de investimento dele era péssimo. Moral da história: se você decidir pela lentidão e pela constância, lembre-se de sempre encarar com certo ceticismo todas aquelas histórias de enriquecimento rápido.

O capital lento e constante é tedioso no curto prazo.

Mas, no longo prazo, é fascinante.

CONCLUSÃO

ESTE livro não tem a pretensão de ser um manual detalhado. Gostaria de poder falar de modo mais específico sobre como resolver seus problemas, mas, como não o conheço pessoalmente, não posso lhe dar conselhos específicos sobre suas falhas comportamentais individuais. Lembre-se: é perigoso recorrer aos conselhos financeiros de um desconhecido.

Por outro lado, este livro proporciona, sim, uma estrutura básica para que você comece a tomar decisões melhores a respeito de dinheiro. O primeiro passo é respirar fundo e refletir sobre as decisões passadas a fim de identificar aqueles pontos onde você pode mudar de comportamento. Todos nós já cometemos erros, mas chegou a hora de você se dispor a rever esses erros, identificar suas falhas comportamentais pessoais e fazer um plano para evitá-las no futuro.

O objetivo não é tomar a decisão financeira "perfeita" em todas as ocasiões, mas sim fazer o melhor possível e seguir em frente. Para tomar essas decisões, é preciso que você saiba para onde quer ir. Uma vez estabelecido um destino, seja ele a aposentadoria, uma viagem ou a faculdade dos filhos, continue

VOCÊ E SEU DINHEIRO

tomando decisões que o mantenham caminhando nessa direção. Será preciso fazer mudanças de rumo; mas, se você souber com clareza aonde pretende chegar, será muito mais fácil diminuir suas falhas comportamentais.

O objetivo não é tomar a decisão financeira "perfeita" em todas as ocasiões, mas sim fazer o melhor possível e seguir em frente. Na maioria das vezes, é o que basta.

AGRADECIMENTOS

ESTE livro resultou de uma série incrível, quase mágica, de acidentes felizes. Lembre-se do que estamos falando: um planejador financeiro de Park City, Utah, que usa uma hidrográfica e um bloco de papel A2 para falar sobre questões complexas envolvendo dinheiro. Quem, em sã consciência, gostaria de subir nesse barco? Por sorte, muitas pessoas foram loucas o suficiente para me encorajar a esse comportamento.

Marion Asnes foi uma das primeiras a perceber o valor do que eu estava fazendo num cantinho esquecido do setor de planejamento financeiro.

Ron Lieber se arriscou e me chamou para ser o primeiro (e, com certeza, o último) colaborador do blogue "Bucks", do *New York Times*, a ter como instrumento de trabalho uma hidrográfica. A confiança que Ron tinha em minha capacidade de revelar o núcleo emocional das questões financeiras também me deu uma luz nos momentos de escuridão.

A confiança de Christie Fletcher em meu trabalho e em minha capacidade é uma verdadeira inspiração. Para mim, Christie não é apenas minha agente, mas também minha sócia e amiga.

VOCÊ E SEU DINHEIRO

Não sei se ainda existem muitas pessoas como Clint Willis por aí. Escritor fantástico, competente, ele não somente se dispôs a ajudar no bom e velho trabalho de revisão do texto como também gostou da tarefa de garantir que eu realmente comunicasse aquilo que queria comunicar.

Um dos pontos mais altos da minha vida profissional foi aquela tarde de sexta-feira em que, do nada, Courtney Young me ligou perguntando se eu já tinha pensado em escrever um livro. Ainda me lembro que eu estava sentado no estacionamento da loja de equipamentos para esqui, perto de casa, a ponto de pegar meus esquis recém-encerados e partir para dar umas voltas na trilha Nordic. Foi um dos poucos telefonemas que tiveram o poder de me fazer deixar o esqui de lado.

Eu tinha o sonho secreto de, um dia, vir a trabalhar num livro com o selo Portfolio. A experiência mais do que correspondeu a minhas expectativas. Courtney e toda a equipe foram incríveis. Agradeço a Eric Meyers pelos pacientes lembretes, a Will Weisser pela intuição arguta e a Amanda Pritzker por divulgar o livro. É um prazer imenso trabalhar com vocês todos.

Esta seção do livro foi a única parte em que perdi o prazo de entrega, e isso aconteceu porque eu simplesmente não sabia como exprimir minha gratidão a Britt Raybould. O que podemos dizer a alguém que trabalhou num projeto durante anos (sendo que esse "projeto" é a minha pessoa) sem saber jamais se o resultado compensaria o esforço? Gerente de projeto, editora, psicóloga, treinadora e sempre uma amiga de confiança – acho que tudo o que posso dizer é MUITO OBRIGADO!

AGRADECIMENTOS

O mais curioso nas pessoas que considero minhas melhores amigas é que, em geral, elas me dão a impressão de que eu as estou ajudando, quando na verdade não é nada difícil perceber que, nesses relacionamentos, eu recebo muito mais do que dou. Esse é o caso, sem dúvida, de Brad Petersen, Jason Slatter, Matt Hall, Veruan Chipman e John Stephens. Obrigado, pessoal!

As conversas que tive com um grupo incrível de clientes em minha firma de gestão patrimonial são narradas em quase todas as páginas deste livro. Agradeço muito pela paciência e confiança deles... e isso significa muito para mim!

Mais uma coisa... tenho uma MÃE incrível (isso mesmo, em maiúsculas) que está sempre cuidando de mim. Na primeira vez que a seção de comentários do blogue do *New York Times* começou a pegar fogo, foi minha MÃE quem me ligou e perguntou se eu seria capaz de sobreviver a toda aquela "gente cruel". É ótimo saber que ela está sempre zelando por mim. Obrigado, MÃE!